知ればもっと役立つ暮らしの道具

アレの正しい使い方図鑑

東京トリセツ研究会［編］

山と溪谷社

はじめに

オフィスで、家で、学校で、出かけた先などで、ふと「あれ？」と思うことないですか？「そういえば、電卓のこのキー使ったことないけど、どんな機能があるんだろう？」とか、「キッチンばさみのギザギザって何に使うの？」とか。それで取扱説明書を読んだり、調べてみると、便利な使い方や仕事がはかどりそうな機能があったりして、なんだか得した気分。うっすら幸せも感じたりして。そんな「あれ？」と思う、身の回りのアレコレの使い方を集めたのがこの本。あなたの生活にすぐ、あるいはそのうちにきっと役立つことでしょう。

Contents

DESKTOP

デスク周りのアレ……7

- マスキングテープ……8
- 消えるボールペン "フリクション"……10
- クリアファイル……12
- カッター……13
- はさみ……14
- ステープラー……16
- 定規……18
- スティックのり……19
- 消しゴム……20
- 電卓……21
- ビジネスフォン……24

COOK

料理するときのアレ……27

- キッチンばさみ……28
- ピーラー……30
- おろし金……31
- スライサー……32
- 包丁……34
- まな板……37
- せいろ蒸し器……38
- ナイフ型ワインオープナー……40
- ティープレス……42
- 手動コーヒーミル……44
- ペーパードリップ……45
- ボックス型チーズグレーター……46
- ラップ……48

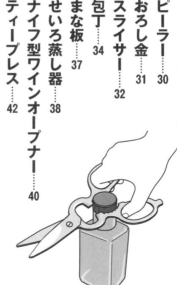

MEALTIME

食べるときのアレ ……49

箸 ……50
フィンガーボウル ……52
エッグスタンド ……54
ナプキン ……56
ワイングラス ……58
ケーキフォーク ……61
先割れスプーン ……62
カニスプーン ……63
フィッシュスプーン ……64

BATH & TOILET

バス・トイレのアレ ……65

温水洗浄便座 ……66
ラバーカップ ……68
西洋バスタブ ……70
ビデ ……72

CLOTHES

装うときのアレ ……73

トレンチコート ……74
ハンガーループ ……76
ジーンズの小ポケット ……77
カーゴパンツのひも ……78
腕時計のりゅうず ……79
靴べら ……80
シューツリー ……81
傘 ……82
新しい服に付いてくる共布 ……84

WELLNESS

美容・衛生のアレ ……85

歯ブラシ ……86
ドライヤー ……88
くし ……89

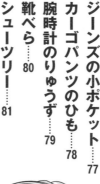

TOOLS　CLEANING

- 爪切り……90
- 耳かき……91
- 石けん……92
- アルコール消毒液……94
- 不織布プリーツタイプのマスク……96
- カミソリ……98

掃除・洗濯・換気のアレ……99

- ぞうきん……100
- 掃除機……102
- 水切りワイパー(スクイジー)……104
- サーキュレーター……106
- アイロン……108

工具のアレ……111

- バール……112
- のこぎり……114
- かなづち……116
- ドライバー……118

PREPARE　OUTDOOR

野外活動のときのアレ……119

- 双眼鏡……120
- ルーペ……122
- 炭……124
- リュックのブタ鼻……127
- メガホン……128

転ばぬ先のアレ……129

- 杖……130
- ライフジャケット……132
- 自転車用ヘルメット……134
- 自転車の空気入れ……136

EMERGENCY

緊急のときのアレ……139

- 携帯用トレイ……140
- 防災用折りたたみヘルメット……142
- さすまた……144
- 松葉杖……146
- 消火器……148
- AED（自動体外式除細動器）……150
- ブースターケーブル……154
- 発煙筒……156
- 三角表示板……157
- ロウソク……158

UNEXPECTED

アレの意外な使い方……159

- 気泡緩衝材（プチプチ®）……160
- 新聞紙……162
- ポリ袋……164
- 粘着テープ……166
- クリップ……168
- 洗濯ばさみ……170
- 綿棒……172
- オリーブオイル……174

STAFF
デザイン　西野直樹（Comboin）
イラスト　アトリエ・プラン
DTP　キャップス
企画編集　シーオーツー

DESKTOP

デスク周りの
アレ

DESKTOP

マスキングテープ

一巻きでいったい何役できるの!?

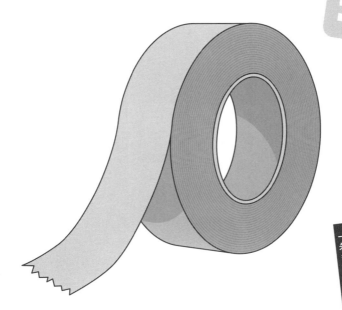

はがしやすさとデザイン性で
使い方は無限

もともとは自動車の塗装のはみ出し防止用にアメリカで開発。それが日本で和紙製のものが作られ、今ではそのはがしやすさと色柄の多彩さから、オフィス、学校、家庭などあらゆる場面で活用されるように。ただし熱や紫外線で劣化してはがれにくくなったり跡が残るので、長期間貼るのは避けて。

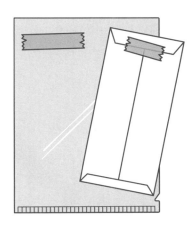

たとえばこんなデスク周りでの使い方

ラベリング
…内容やカテゴリを書いてファイルやBOXに貼ると整理しやすい。
封筒のふたを仮留め
…粘着力が強すぎないので、開け閉めしたい封筒に使用。
メモを貼る…伝言メモや忘備メモをデスクやパソコンに貼る。
箱のふたを留める
…クリップなど小さい文房具を収納するケースのふた留めに。
コードの見分けに
…ごちゃつきやすいコード類を色分けしておくときに。
壁の掲示用に
…透明テープやピンなどよりおしゃれに貼れてはがしやすい。
スケジュール帳のアクセントに
…マーカーや色ペンで強調するように貼る。

DESKTOP

消えるボールペン"フリクション"

こすって消えた文字を復元させる方法はある？

何度でも書き消し可能です。

−10℃以下で消えた文字が戻る

専用ラバーでこすると書いた文字などが消えるボールペン「フリクションペン」※は、書き直しや訂正がしやすく、今や勉強やビジネスの場で必携の筆記用具。その特殊なインクは60℃以上で無色になり、−10℃以下で色が戻り始めるように温度設定された成分が含まれている。

※「フリクション」は(株)パイロットコーポレーションの登録商標です。

60℃以上の熱が加わるとインクは無色に

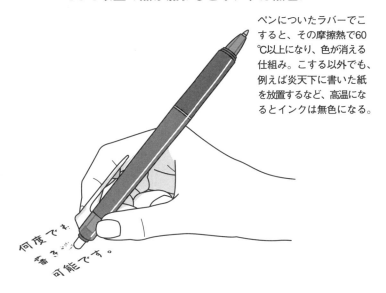

ペンについたラバーでこすると、その摩擦熱で60℃以上になり、色が消える仕組み。こする以外でも、例えば炎天下に書いた紙を放置するなど、高温になるとインクは無色になる。

冷凍室に一晩入れておくと消えた文字が復元

このインクは−10℃でインクの色が戻り始め、−20℃でほぼ色が戻るとされる。消えた文字をもとに戻したい場合は、書いた紙を濡れないようにポリ袋などに入れ、冷凍室に一晩以上入れておくと復活する。
※高温や紫外線の直射でインクの成分が破壊されると、復元されない場合もある。

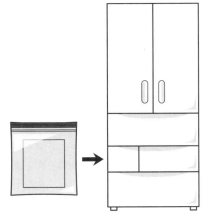

クリアファイル

半円形の切り込みがナゾ!?

← ?

← ?

三角形の切り込みで力を分散させる

半円形の切り込みは、書類を取り出すときに指をかけるために入っている。さらにファイルの下のほうをよく見ると三角形の切り込みがあるのに気づくはず。こちらはファイルを開くときに底辺部分に力が加わり裂けやすくなるため、その力を分散させ、裂けるのを防止する効果がある。

DESKTOP カッター

クリッパー

錆びたり、汚れた刃はペンチで折ればいいの？

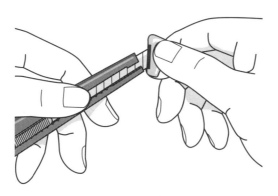

カッターに付属の クリッパーで折る

ペンチで折ってもよいが、刃を折れる式のカッターには刃先とは反対側に専用のクリッパーが付いている。刃には数ミリごとに折り線が入っているが、この線に沿ってクリッパーの溝にはめ込み、静かに力を入れて折る。

DESKTOP

はさみ

○○とはさみは使いようというけど

正しい持ち方、知っている？

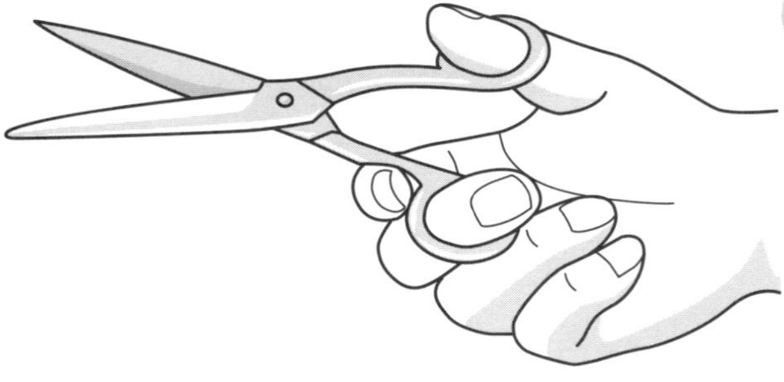

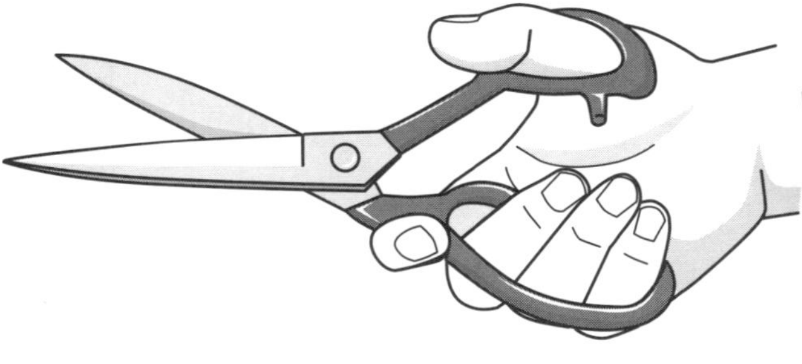

人差し指は輪に入れない

はさみを持つ部分の輪には人差し指は入れず、輪の前に添える。こうすることで、はさみを安定させ、作業しやすくなる。

理容はさみ

理容はさみは指を入れる輪が小さくできている。輪には薬指と親指を入れ、小指は輪についた突起（小指掛け）にのせる。

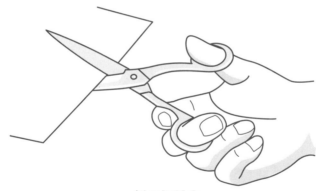

紙の切り方

切るときは、はさみを大きく開き、刃の根元から切る。刃の長さより長く切りたいときは、刃を全部閉じるのではなく、途中で止め、再び根元から切り、進む。

ステープラー

DESKTOP

書類を綴じることはできるけど、はずすときはどうする？

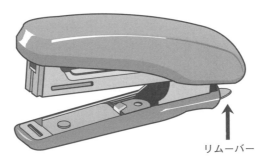

リムーバー

後ろのリムーバーで針をはずす

たいていのステープラーには、後ろ（針を留める部分のほうを前として）にリムーバーが付いている。このリムーバーの先を針に刺し込み、テコの原理で針を開ける。

16

枚数が多い場合

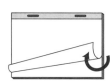

横書き

縦書き

ステープラーの留め方

書類をどのように綴じるのがよいか？ 一般に横書きの書類は左上、縦書きの書類は右上。横書きと縦書きが混在している場合は、左上が基本とされるが、横書き縦書きの割合に応じて臨機応変に読みやすい位置に留める。針は斜め45度に。枚数が多い場合は、イラストのように真っ直ぐに2〜3カ所留める。その上から製本用テープを覆うように貼ると強度が増す。

DESKTOP
定規

定規に彫られている溝。単なるデザインだよね？

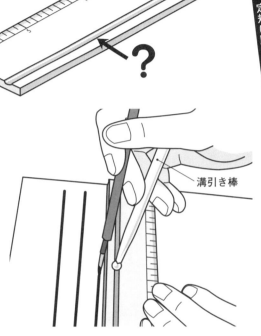

溝引き棒

溝は直線を描くときに使う

筆やインクなど定規に直接当てて直線を引こうとするとインクなどが滲んでしまう場合がある。これを防ぐため、ガラス製の溝引き棒と筆をいっしょに握り、棒を溝に滑らせながら筆を移動させると、きれいに直線を描くことができる。

DESKTOP
スティックのり

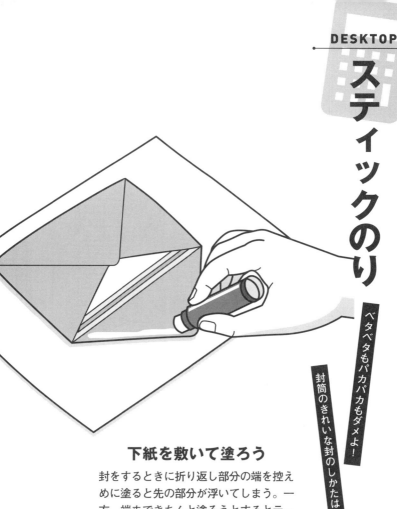

ベタベタもパカパカもダメよ！封筒のきれいな封のしかたは？

下紙を敷いて塗ろう

封をするときに折り返し部分の端を控えめに塗ると先の部分が浮いてしまう。一方、端まできちんと塗ろうとするとテーブルを汚してしまう。これらを防ぐには、やはり下紙を敷いてはみ出しを気にせず端まで塗るのがベスト。

DESKTOP

消しゴム

消しゴムを使うとき、紙がよれたり、破けたりしていない？

紙の押さえ方を正しく

もしも消しゴムを使っていて、紙が破けやすいというときは、押さえ方や消しゴムを動かす方向に問題があるのかも。紙を押さえているところとは反対の方向に消しゴムを動かすのがコツ。もしくは押さえた人差し指と親指でつくる三角形内で消しゴムを動かすこと。

DESKTOP

電卓

「M+」や「CE」のキー、一度も触れたことがなかったりして……。

計算の解を記憶・修正する

「M」はmemory（メモリー）、「C」はclear（クリア）の頭文字。つまり、これらのキーを押すことで、計算の解を記憶したり、打ち間違えた数字を修正したりすることができる。覚えておくと便利な機能だ。

※メーカーや機種によりキーの配置や表記が異なる場合がある。

「M」を使ったメモリー計算

電卓では乗法(×)、除法(÷)が加法(+)、減法(−)より優先されるといった法則が無視される。例えば「2×3+4×5」をそのまま入力すると解が「50」になってしまうのは、「4×5」が優先的に計算されないため。このようなときに「M」を使ったメモリー計算の操作をする。

M+(メモリープラス)
メモリー計算の加算のときに使う。

M−(メモリーマイナス)
メモリー計算の減算のときに使う。

CM(クリアメモリー)
メモリー計算をはずすときに使う。
[MC]と表記するメーカーもある。

RM(リコールメモリー)
メモリー計算の結果を出すときに使う。
[MR]と表記するメーカーもある。

(例)

■ 2×3+4×5=26

[2][×][3][**M+**][4][×][5][**M+**][**RM**]→26

■ 4×5−2×3=14

[4][×][5][**M+**][2][×][3][**M−**][**RM**]→14

■ 4×5−2×3−10=4

[4][×][5][**M+**][2][×][3][**M−**][**RM**][**CM**][−][1][0][=]→4

※ [RM]と[CM]が[R·CM]という1つのキーになっている機種もある。その場合は[R·CM]キーを2回押す。

CA(クリアオール)

ご破算。現在表示されている数値、入力した計算、メモリーしている内容などすべてを消去する。
[AC]と表記するメーカーもある。

C・CE(クリア・クリアエントリー)

[C]はメモリー以外の数値を消去するときに、[CE]は計算途中で1つ戻るときに使う。[C]と[CE]が別々のキーになっている機種もあるが、[C・CE]という1つのキーになっている場合は、1回押すと[CE]、2回続けて押すと[C]の操作となる。

(例)

■ 2×3+4×5=26 5を6と間違えて入力し、訂正する場合

[2][×][3][M+][4][×][**6**][**C・CE**][5][M+][RM]→26

(例)

■ 2×3+1+1 「1+1」を消去したい場合
[2][×][3][M+][**1**][**+**][**1**][**C・CE**][**C・CE**][RM]→6

GT(グランドトータル)

[=]イコールで算出した一連の数値を合計。
このキーがない機種もある。

(例)

■ 1×2=2 3×4=12 5×6=30
以上の総合計を出す場合

[1][×][2][=]→2 [3][×][4][=]→12
[5][×][6][=]→30 [**GT**]→44

+／-(サインチェンジ)

表示されている+と-を入れ替えるときに使う。

(例)

■ おにぎりを2個ずつ20人に配った。
おにぎりは100個つくった。残ったのはいくつ?
[2][×][2][0][-][1][0][0][=][**+/-**]→60

23

DESKTOP
ビジネスフォン

「リダイヤル」や「フック」のキー、押したことある?

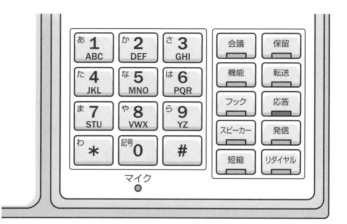

便利な機能もあるので確認を

オフィスで使っているビジネスフォン。よく見ると押したことのないキーがけっこうある? 機種によってさまざまキーがあり、機能も異なるので、ここで紹介するのはあくまで一例。「フック」キーの使い方などは、ビジネスマナーとしてぜひ覚えておきたい。

わりとよく使っているキー

発信
外線（会社の外）電話をかけるときに押す。これを押してから相手先の電話番号を押す。「発信」キーの代わりに「0」を押すよう設定されている電話もある。

応答
外線電話がかかってきたとき、点滅している「応答」キーを押すと、応答できる。「応答」キーで応答できる外線とできない外線を設定することができる。

転送
外線電話を他の人にまわしたいとき。「転送」キーを押すと保留状態に。まわしたい人に内線をかけ、その人が出たら「○○様からお電話です」と伝え、受話器を置くと外線電話が転送される。

保留
外線電話を受け、「保留」キーを押すと、その外線が保留状態と同時に内線通話待機状態になる（外線①、保留①などのキーが点滅する）。外線電話をまわしたい人が近くにいる場合は「○○様からお電話です」と伝え、点滅しているキーを押し、電話に出てもらう。

あまり使ったことのないキー

会議
ひとつの通話に複数の人が参加して、同時に通話したいときに使う。外線でも内線でも参加することができる。通話中に「会議」キーを押し、参加してほしい人に電話をかけるなどして、会議通話を設定するしくみ。

フック
通話を切るときに押す。受話器を置いて切る方法だと、受話器を置く音が相手に聞こえ、不快感を与えてしまうこともある。電話を切るときは、まずフックを押してから受話器を置くと、このような心配がない。

リダイヤル
最後にかけた相手の電話番号を電話機が記憶。もう一度かけ直したいときにこのキーを押し、受話器をあげるなどすると、最後にかけた相手に発信するしくみ。

短縮ダイヤル
電話をよくかける相手先を短縮番号に登録する（設置作業が必要）ことによって、このキーと短縮番号を押すことで、その相手に発信するようなしくみ。

機能
電話をかけた相手が話し中だったり、出なかったとき、一定の間隔で何度も自動でかけ直すなど特別な機能を設定するときに使う。

スピーカー
受話器をとらずに相手の声が聞こえるようにしたり、通話を録音したり、設定した時刻に電話機からアラーム音を鳴らしたいときなどに使う。

COOK
料理するときのアレ

COOK キッチンばさみ

どう使うのか？アノ中央部のギザギザ。

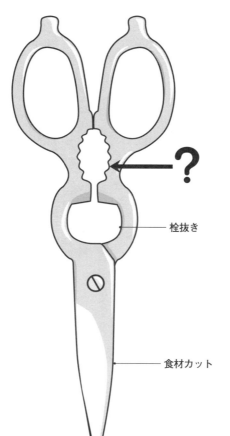

- ？
- 栓抜き
- 食材カット

くるみ割りやネジぶた開けに使う

円形にギザギザになっている部分は、くるみやぎんなんをはさんで割ることに使う。ネジぶたを開けるときも、このギザギザ部分でしっかりふたをホールドし回すことができる。

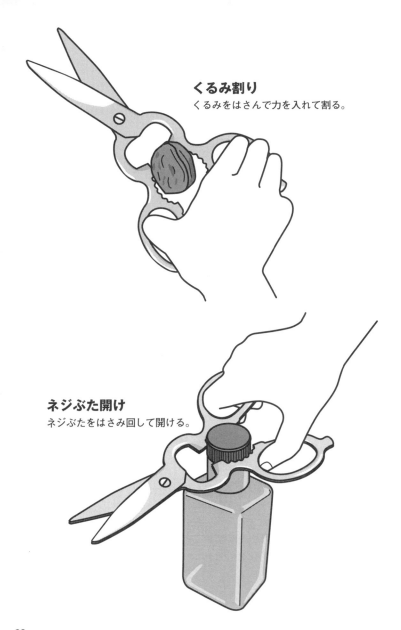

COOK ピーラー

アレの横に付いている突起物、使っている?

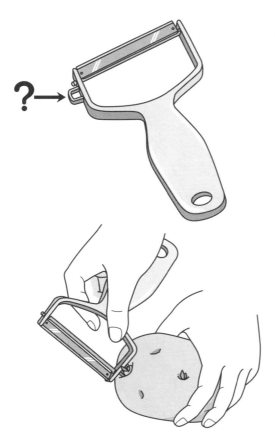

じゃがいもの新芽取りに使う

野菜や果物の皮などをむくピーラー。たいていのピーラーの横に付いているU字型の突起物は、じゃがいもの新芽取りに使う。U字型の先を新芽に当てぐるりと回すときれいに取れる。

COOK

おろし金

おろし金で、穴が開いてあるものがある。あの穴は何のためにあるの？

穴が開いているのは、食材に直接おろすため

穴あきのおろし金は、おろしたものを直接食材にかけられる。岩塩やチーズなどをおろして料理にふりかけるときに便利。

COOK

スライサー

包丁で切るのと何が違う?

ラクに・早く・きれいに
野菜のスライスができる

料理に合わせた薄さ、細さに切りたいときには包丁。一方、たくさんの量をさっさと薄切りや輪切りにしたい場合にはスライサー。食材を押さえて手を前後に動かすだけなので疲れにくく、短い時間で均一の薄さにきれいに仕上がる。千切り用の刃が付いたものとセットで持っておくと、野菜のカットが断然ラクに。

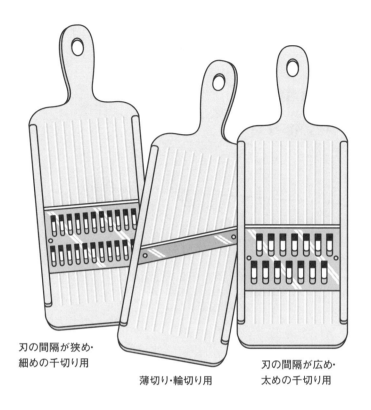

刃の間隔が狭め・細めの千切り用

薄切り・輪切り用

刃の間隔が広め・太めの千切り用

プレートによって薄切り、輪切りのほか千切りも

スライサーは玉ねぎなどを薄切りにしたり、円柱状のものを輪切りにするときに便利。ごぼうのきんぴらなど、少し太めに仕上げるには刃の間隔が広めのもの、にんじんのラペや、だいこんの千切りなど、少し細めに仕上げたいなら刃の間隔が狭めのものを使う。

COOK

包丁

調理に欠かせない包丁だけど、正しい持ち方をしているかな？

包丁の持ち方

包丁の持ち方は、大きく分けて握り型と指差し型の2種類がある。

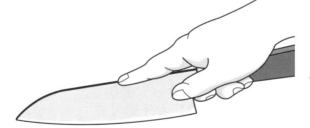

握り型

軽く握るのが一般的な持ち方。突き切りをするときは軽い握り型だが、落とし切りをするときは強く握るとよい。

指差し型

包丁のみねに人差し指を当てる持ち方。引き切りをするときはこの持ち方で。

おもな切り方

切り方の基本はおもに3つ。
切る食材によって使い分ける。

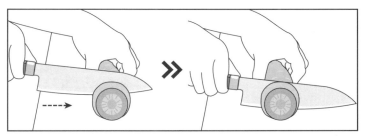

突き切り　1. かたい野菜や肉を切るときは、包丁を握り型で持ち、刃を当てる。
　　　　　　2. 刃をスーッと前へ押すようにして切る。

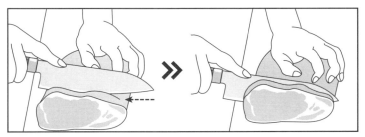

引き切り　1. 刺身のそぎ切り、パンや肉を薄く切るときは、包丁を指差し型で持ち、刃を当てる。
　　　　　　2. 刃元を引き寄せるようにして切る。

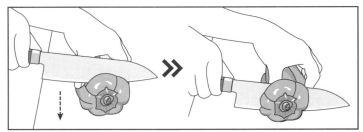

落とし切り　1. 野菜のへたや葉、魚の頭を落とすときは、包丁を握り型で持ち、刃を当てる。
　　　　　　　2. 力を込めて、刃全体を真下に落とすように切る。

手の添え方　包丁を使うときは、食材に添える手も重要。
食材によって添え方を変えよう。

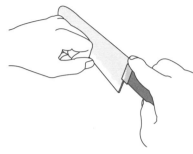

基本の添え方

卵をつかむように親指と人差し指・中指の指先を着ける。指の第1関節を包丁の腹にぴたりと着ける。

指先を添える

きのこや刺身などのそぎ切りのときなどは、食材に指先を添える。

つかむ

大きな食材やかたいものはつかむ。刃先から少し離れたところをしっかりつかんで固定する。

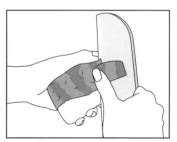

包丁を持つ手の親指で

皮むきのときは包丁を持つ手の親指で、皮の上から刃を押さえる。

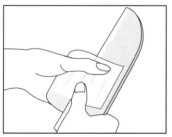

両手の親指で押さえる

だいこんなどを帯状にむくときは、両手の親指で皮の上から刃を押さえる。

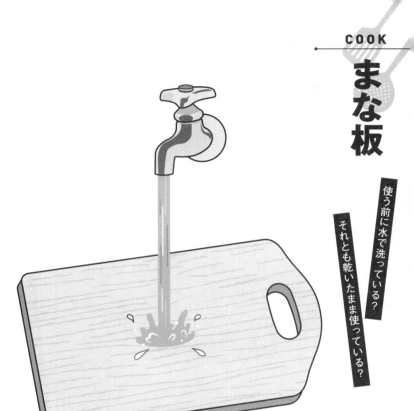

COOK

まな板

使う前に水で洗っている？
それとも乾いたまま使っている？

使う前に水でぬらす

まな板は使う前に水でぬらし、表面に膜をつくることでにおいや汚れを付きにくくする。また切る食材を変えるごとに水洗いを。使い終わったら、水で汚れを洗い流し、洗剤をつけたスポンジでこすり、流水ですすぐ。ふきんで水気を拭き取り、風通しのよいところで乾燥させる。

COOK

せいろ蒸し器

せいろ蒸し器 イマイチ、使い方がわからない！

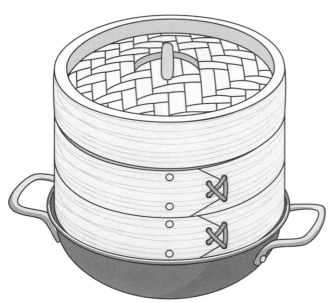

使う前に必ず水でぬらし
使用後はよく乾燥させる

1）せいろを水でぬらす。食材から出るにおいや水分が染み込むのを防げる。2）鍋にたっぷり湯を沸かす。3）せいろに食材を並べる。火の通りにくいものは適宜カット。4）ふたをして鍋の上にのせる。5）野菜などは竹串で刺して火の通り具合を確認。6）使用後は湯で湿らせた布でふく。水けが残るとカビの原因になるので、洗わない。よく乾燥させる。

せいろには食材を直接のせない

食材のにおいやくっ付き、肉汁などの染み込みを防いで、せいろを清潔に長持ちさせるには、食材はせいろに直接のせず必ず何か敷くこと。

葉野菜やクッキングペーパーを敷く

キャベツやハクサイなどの葉や、クッキングペーパーを使用。

平らな皿にのせて

葉やペーパーがなければ皿で。冷やご飯などもお皿にのせて蒸す。

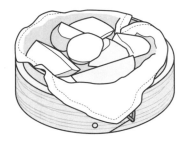

布巾や蒸し布を敷く

布巾や専用の蒸し布はぬらしてよく絞って使う。蒸して殺菌されるので使用後は水洗いでOK。

COOK

ナイフ型ワインオープナー

ソムリエのようにワインを開けられる？

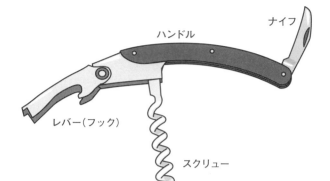

ナイフ
ハンドル
レバー（フック）
スクリュー

スクリューをまっすぐ刺し、ゆっくりと回す

コルクで栓がしてあるワインを、ナイフ型のワインオープナー、通称ソムリエナイフを使って、ソムリエのように優雅に開けてみよう。

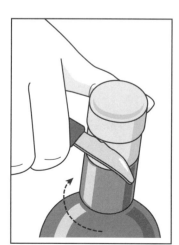

1

ナイフでキャップシールに切れ目を入れる。ナイフをキャップシールに当てボトルを回すと切りやすい。

40

スクリューをコルクの中心に刺し、ハンドルを握ってスクリューをゆっくり回し、真っ直ぐに立てる。

スクリューの山が1個残るくらいまで回す。

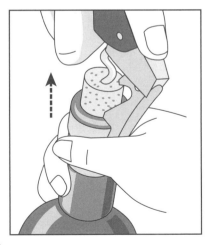

レバーを縁に固定し、コルクを真上に引き上げる。コルクを抜き切る少し手前で、最後に手でコルクを握って静かに抜く。スクリューからコルクを抜くときは、コルクを回す。

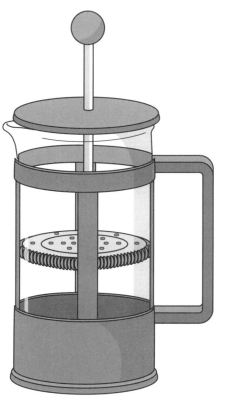

最後のプレスで濃さを調整

ティープレス(フレンチプレスともいう)は、紅茶もコーヒーも手軽に淹れることができる。円筒状のポットに、円形の茶漉し部分と一体となったふたが付いているのが特徴。最後に茶漉し部分を下まで押し下げると、それ以上紅茶が濃くなることがないしくみ。

1. 茶漉し部分と一体になったふたを取り外し、茶葉を淹れる。
2. 湯を入れる。
3. 茶漉し部分はプレスせずにふたをする。茶葉が開き、お好みの濃さになるまで待つ。
4. お好みの濃さになったら茶漉し部分を押し下げる。

COOK

手動コーヒーミル

香り高く、おいしくなる挽き方のコツは?

調整ネジ

ゆっくりと、挽く

手動コーヒーミルは、挽くまでに時間がかかるものの、調整ネジで粗さを調節しやすいのが特徴。コーヒー豆は熱で劣化するので、摩擦熱が生じないようにゆっくりと挽くこと。粗さで味が変わるので、均一の粗さで挽くことも大切。また、粗さによってふさわしい抽出法がある。

粗さによって抽出方法を選定

細挽き	サイフォン　エスプレッソマシン
中挽き	ペーパードリップ　コーヒーメーカー
粗挽き	コーヒーメーカー　ネルドリップ

粗さによる味の変化

細挽き	苦みが強まり、酸味が弱まる
粗挽き	苦みが弱まり、酸味が強まる

COOK ペーパードリップ

ペーパーの正しいセットのしかたは？

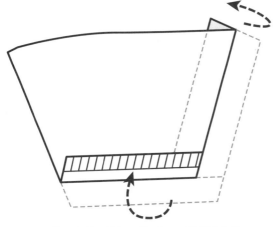

ペーパーフィルターの折り方

ペーパーフィルターは底辺の接着部分を折り、次に側面の接着部分を逆方向に折り、ドリッパーにはめ込み、コーヒーサーバーにのせる。

ペーパードリップのポイント

ペーパードリップでコーヒーを淹れるときは、ゆっくりと円を描くように湯をそそぎ、コーヒーのふくらみをキープするとおいしくできあがる。

COOK

ボックス型チーズグレーター

なぜ4面あるの?

4面それぞれに得意な "おろし"方がある

フランス生まれのちょっと通っぽいボックス型のチーズおろし器。よく見ると4面の形状が違う。パルミジャーノ・レッジャーノなどのチーズをおろす以外に、実はそれぞれの面は違う使い方があるのだ。

大きな穴のある面

チーズやバターを棒状におろせる。かたくなったパンをおろしてパン粉に。ハーブの茎を穴に入れて引くと、葉がすべてとれる。

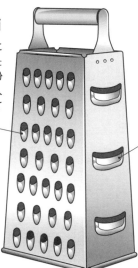

幅広の穴がある面

チーズなどが帯状におろせる。じゃがいもやきゅうりなどのスライスにも。

細かな穴がある面

チーズが一番細かくおろせるほか、しょうがや、ナツメグなどスパイスのすりおろしに。

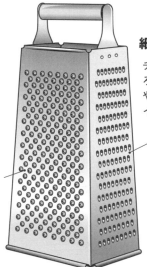

細かな突起がある面

パスタの上に粉チーズをおろすならここ。レモンなど柑橘類の皮をおろすときにも。

切るときは、箱のほうを動かすのがポイント

COOK
ラップ

ラップを切るとき、よれない？

正しい切り方を知っている？

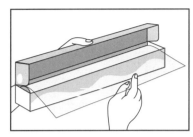

ふたを開けて、ラップの真ん中をつまみ、必要な分だけ引き出す。

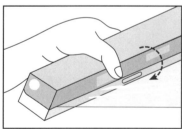

ふたをしっかりと閉じる。

箱を内側に傾ける。

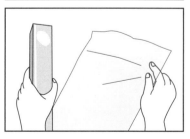

刃の端から、箱のほうを動かして切る。

MEALTIME

食べるときの
アレ

MEALTIME

箸

日本の食卓に欠かせない箸。

自己流の持ち方・使い方、してない?

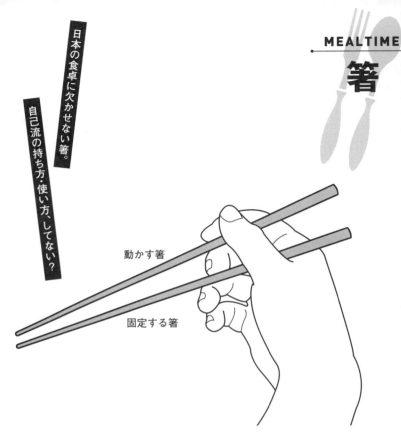

動かす箸

固定する箸

上の箸だけを動かす

上の箸は、人差し指と中指と親指で持ち、下の箸は親指と人差し指の付け根ではさみ、薬指の爪の横で支える。下の箸は動かさず、上の箸は親指を支点に動かす。また、箸には「してはいけない作法」があるので注意。

マナー違反の箸使い

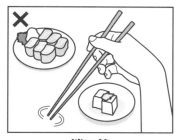

迷い箸
どれを食べようか迷い、料理の上で箸をあちらへこちらへと動かすこと。

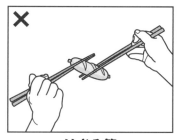

はさみ箸
ふたりでいっしょに同じ料理をはさむこと。これはお骨を拾うときの作法。

寄せ箸
箸を使って食器を手前に引き寄せること。きちんと手で引き寄せよう。

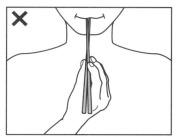

ねぶり箸
箸についたものを口でなめること。

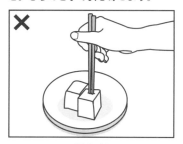

刺し箸
料理に箸を突き刺して食べること。

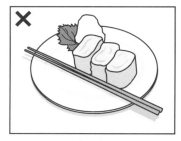

渡し箸
食事の途中で、食器の上に箸を置くこと。箸を置きたいときは、箸置きに。

MEALTIME

フィンガーボウル

鉢状の器に入れた水。飲みものではないので注意！

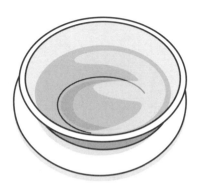

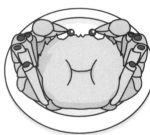

手は片方ずつ洗う

カニやエビなど手で直接取ったほうが食べやすい料理といっしょに供されるのがフィンガーボウル。食べ終わったあと、この水で手の汚れを落とす。洗うときは両手をいっぺんにではなく、片手指ずつ洗うのがマナー。

1 左右どちらかの手から片方ずつ洗う。

両手を一度に洗うのはNG。

2 汚れを落としたら、膝の上に置いてあるナプキンでふく。※ハンカチなどは使わない。

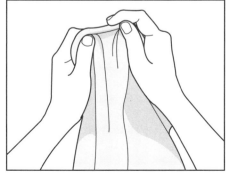

MEALTIME

エッグスタンド

海外旅行。ホテルの朝食で出てくるアレ。
どうやって、食べるのが正しいの？

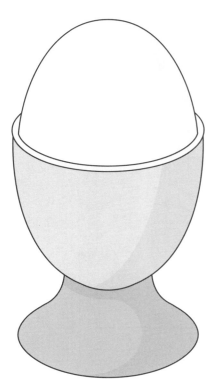

スプーンで割って、食べる

ゆで卵を手で剥いて食べることが多い日本人にとってはなんとも食べにくそう。でもエッグスタンドに載って出てくるゆで卵は、黄身がとろりとした半熟。スプーンを使って、いただくのがマナー。

1 卵の上部だけをスプーンでたたいて、割れ目を入れる。

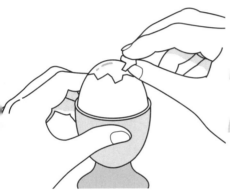

2 手で上部の殻を取り除く。ちなみにイギリスの朝食のマナーでは、エッグスタンドは皿に載せて供され、取り除いた殻は皿の1時の位置に置き、食べ終わったらこの上部の殻でふたをするそう。

3 スプーンで卵の黄身や白身をまぜ、すくって食べる。お好みで塩、胡椒などを振る。

MEALTIME
ナプキン

ナプキンはいつ広げる？

ナプキンの使い方

二つ折りにした山のほうを自分の体側に向けて膝の上に広げる。口元が汚れたときやワインを飲む前などに、ナプキンの内側で口元を拭く。汚れた面が他人から見えないのでスマート。襟元に引っ掛けて使うのはマナー違反。

座ってすぐにナプキンを広げるのはNG

テーブルにセットされたナプキンをとるタイミングは次の3つ。大人数の会食では、全員での乾杯が終わってから。少人数での食事会では、オーダーをした後、前菜が運ばれる前までに。主催者がいる会食では、主催者がナプキンを手にとるタイミングに合わせるのが、マナーとされる。

途中で席を立つときは イスの上に

自分のイスの上に軽く三角に折って。"三角"は食事中のサイン。テーブルの上に置かないこと。

退席するときは軽く畳んでテーブルの上に

きっちり畳むのは、「料理やサービスに不満があった」という意味になるので、軽く畳んで退席。逆にぐしゃぐしゃに置くのは汚れが見えて見苦しいのでこれもNG。

NG ぐしゃぐしゃに置く

NG きっちり畳む

MEALTIME

ワイングラス

ワインが違えば、グラスも違うものを選ぶべき？

- リム
- ボウル
- ステム
- プレート

基本の持ち方

ステムのプレート近くを、親指と人さし指の腹で軽く挟むように持つ。

1種類揃えるなら万能型

ワインそれぞれの香り、味わいを楽しむには、特徴を引き出しやすい形状のグラスを選びたいもの。とはいえワイン初心者や何種類ものグラスは収納に困る！という人には、万能型がおすすめ。世界的に有名なワイン評論家、ジャンシス・ロビンソン氏によって開発された、1つで赤も白も泡も楽しめるグラスだ。

香りがすばやく立ちあがる

ブルゴーニュは
バルーン型

ボウル部分のふくらみが大きいため、ワインの表面積が大きくなり、香りがすぐに立ちあがる。口先がややすぼまっているので、果実の風味を存分に味わえる。豊かな芳香を楽しむブルゴーニュに最適。

香りを少しずつ味わう

ボルドーは
チューリップ型

口先がやや内側にカーブしているため、香りを少しずつ味わうのに適したグラス。長期熟成タイプのボルドーの繊細な変化を楽しむのに最適。白の場合は、小ぶりのものを選ぶ。白は冷やすことが多いので、飲んでいる間に温度が下がらないよう容量を小さくするため。

シャンパン

パーティー用に
クープ型

泡立ちを鑑賞
フルート型

シャンパンの美しい泡立ちをゆっくりと鑑賞し、キレのある味わいを楽しむなら、フルート型のグラスを。パーティーなどではクープ型を使うことが多い。乾杯時に一気に飲みやすいためだ。

MEALTIME

ケーキフォーク

1本だけ刃が太いのはナゼ!?

太い刃でケーキを切る

ケーキフォークは、右手にフォークを持った場合、ケーキに最初に触れる側の刃が一本だけ太くなっているものが多い。これはやはりケーキを切りやすくするために工夫されたようだ。一方、単なるデザインという説もある。

MEALTIME

先割れスプーン

フォークを兼ねたスプーン

学校給食で使われたり、コンビニで弁当などを買うとプラスチック製のものが付いてくる先割れスプーン。割れている部分をフォークとして使う。食事しやすいことから、介護用や幼児用の食器として利用されることも多い。

コレはフォークなのか？ スプーンなのか？

MEALTIME

カニスプーン

これを使って、上手にカニを食べられる？

ヘラ

ツメ

ヘラでカニみそ、ツメで足や爪

カニスプーンは片端が大きなヘラに、もう一方が小さいツメになっている。ヘラは、カニみそをこそげ落とすときに使い、ツメはカニの足や爪に残る肉をかき出すのに使う。

MEALTIME

フィッシュスプーン

レストランで。違いを見分けられる？

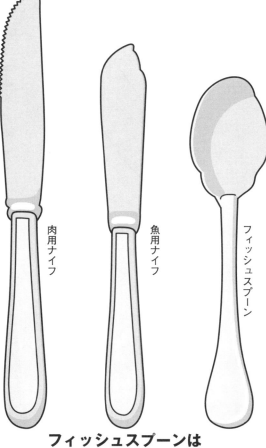

肉用ナイフ

魚用ナイフ

フィッシュスプーン

フィッシュスプーンは
ナイフ代わりに

魚用ナイフは肉用と比べると、先がやや広め。絵などが彫ってあることもある。やわらかい魚やソースといっしょにいただく魚料理にはナイフの代わりにフィッシュスプーンを使う。深さのあまりない平らな形状が特徴。ナイフ代わりだが、そのままスプーンを口に運んでよい。

BATH&TOILET
バス・トイレの アレ

BATH & TOILET

温水洗浄便座

お尻は何秒洗えばいい？
水圧は強いほうがいいの？

洗浄は10～20秒を目安に

今や日本の家庭の多くで取り付けられている温水洗浄便座。水勢は「弱」から試し、慣れたら徐々に好みの水勢で使用する。洗浄時間は10～20秒を目安に。洗浄後はトイレットペーパーで押させるように水滴を取る。その後、好みで温風乾燥機能で乾かしてもよい。温水洗浄便座を正しく快適に使うために、知っておきたい間違った使い方は左ページの通り。

温水洗浄便座の間違った使い方

強い水圧で洗う
水勢はいきなり「強」にせず、「弱」から試し、慣れたら徐々に好みの水勢で使用する。

便意を促進するために使う
習慣的に便意を促すために使用しないこと。また洗浄しながら故意に排便しないこと。

長時間洗浄を続ける
おしりボタン、ビデボタンともに洗浄時間は10～20秒を目安に使用する。※長時間洗浄を続けると常在菌を洗い流してしまい、体内の菌バランスが崩れる可能性がある。

直腸内を洗浄する
局部内は洗浄しないこと。※常在菌を洗い流してしまい、体内の菌バランスが崩れる可能性がある。

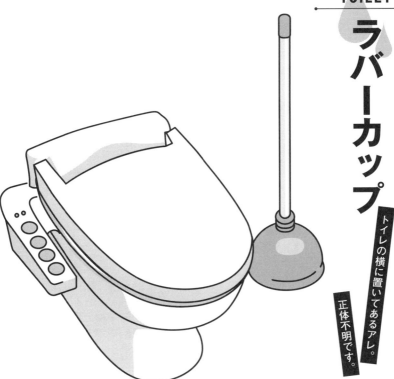

BATH & TOILET

ラバーカップ

トイレの横に置いてあるアレ。正体不明です。

トイレの詰まりを直す

トイレの排水口〜排水路に汚物や紙などが詰まったときに、このラバーカップを使って解消する。ゴムの部分を排水口に当て、静かに押し、力を入れて引く。これを何度か繰り返し、詰まりを解消する。

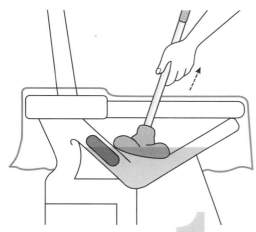

1 ラバーカップを引くときに汚水がはね返る恐れがあるので、できれば便器に、ラバーカップの柄が通る穴を開けたビニールシートをかぶせるとよい。

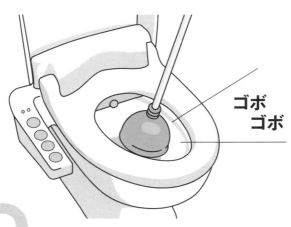

ゴボ
ゴボ

2 ラバーカップを押したり引いたりを何度か繰り返す。ゴボゴボという音がしたら、詰まりが取れ、水が流れた合図。

BATH & TOILET

西洋バスタブ

アレの中で一体どうやって洗うのやら…

この中で体を洗い、すすぐ

基本的にこのバスタブの中で、体を洗い、すすぐという一連の行為をする。バスタブとは別にシャワーブースがある場合は、髪などはシャワーブースで洗い、バスタブでは体だけを洗うという使い分けをすることも。洗い場で洗って、浴槽で温まる日本人にとっては、なんだか使いづらそう……。でも、慣れればそうでもないのか？

お湯をためる。が、なみなみとはためない。人が入って、洗っても湯があふれたり、飛び散ったりしないくらいに。

服を脱いでバスタブに入り、お好みの洗剤を使って髪や体を洗う。

すすぐ。※シャワーが付いていない場合はバスタブの湯ですすぐ。

乾いたタオルで拭く。水け、多少残る石けんの泡などもタオルで拭き取る。バスローブをはおって、バスタブを出る。

BATH & TOILET

ビデ

海外のバスルームにあるアレ。きちんと使える?

局部を洗うためのもの

ビデとはフランス語で「仔馬」の意味で、仔馬にまたがるようにして使うことに由来している。これは性器やお尻を洗うもので、女性も男性も使う。トイレで用を足した後や性交後、女性の生理のときなど局部の清潔を保つために使う。

壁に背を向けても、壁に向かって座ってもよい(お尻を洗う場合は背を向けて、男性が性器を洗うときは壁に向かって座るほうが洗いやすいだろう)。

※局部を手で洗うわけだが、蛇口から出る水を手ですくいながら洗い流す方法と、水を溜めてから洗う方法がある。ビデ専用のソープやタオルを使う。

CLOTHES
装うときのアレ

CLOTHES

トレンチコート

紳士淑女も知らない？肩や胸のボタンの意味。

ボタンには役割がある

トレンチコートは今やワードローブのマストアイテムとなっているが、もともとは第一次世界大戦の塹壕で兵士が着用していたミリタリーコート。ところどころに付けられたボタンは、防寒・防水のほか、銃や双眼鏡などを携帯する機能がある。

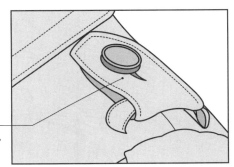

エポーレット
双眼鏡や水筒のストラップをつり下げる

チンウォーマー
文字通りあごを暖める。

ガンフラップ
ライフル銃を構えたとき銃床を支え、撃ったときの衝撃から体を守る。

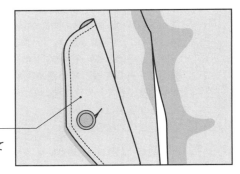

ストームポケット
ポケットの中に水が入ってくるのを防ぐ。

CLOTHES

ハンガーループ

シャツの背中の輪っかは何に使う？

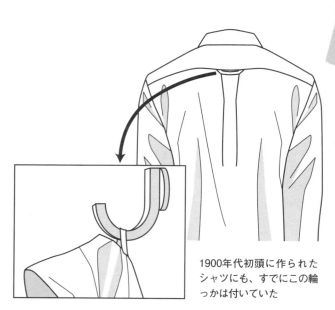

1900年代初頭に作られたシャツにも、すでにこの輪っかは付いていた

ハンガーがなくても一時的にフックに引っ掛けておける

シャツの背中、肩甲骨の間あたりに縫い付けられている輪っかは、「ハンガーループ」と呼ばれる。汚れやすいシャツの襟だけを外して洗っていた時代があり、背中の輪っかをフックに掛けて、一時的にシャツを吊るしておいたようだ。現在では装飾の意味合いが強い。

CLOTHES

ジーンズの小ポケット

5ポケットと呼ばれる所以。あの小さなポケットの意味は？

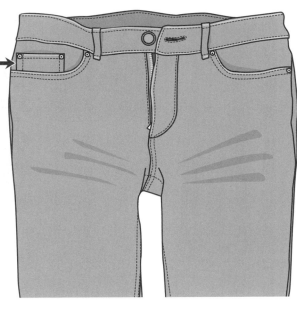

小さなポケットには小銭や時計を入れる

ジーンズのあの小さなポケットは、チェンジポケットもしくはウォッチポケットと呼ばれる。もともとは懐中時計を入れるために使われ、腕時計が普及すると、小銭入れとして使われるようになったといわれる。

CLOTHES

カーゴパンツのひも

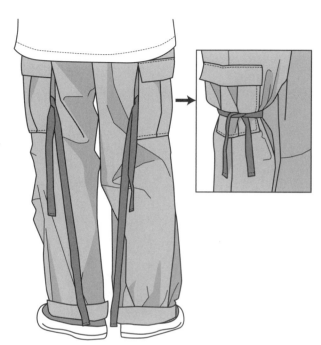

サイドポケットから出ている2本のひもは何用?

脚をケガしたとき止血用に縛る

米軍で採用されていたカーゴパンツがルーツのため、ポケットの中に入っているひもは、本来、ケガをしたときの止血や、夜戦時にポケットの中の物が動いて音を立てないように縛るためのものだった。それが今ではおしゃれなパーツとして、ポケットから垂らして着用されることも。

CLOTHES

腕時計のりゅうず

えーと、上下に適当に巻けばいいんじゃなかったっけ？

最初に下から上へ巻き切る

自動巻きの電池式（クオーツ式）腕時計に対して、機械式腕時計は横の小さな突起・りゅうずでぜんまいを巻き上げ駆動させる。りゅうずは引っ張り出さないそのままの位置で、下から上に巻く。これを右回りと言う。りゅうずが動かなくなるまで巻き切ったら今度は逆方向（左回り）に巻き戻すが、このとき右回りの8割程度巻き戻す。これはぜんまいの負荷を軽くするため。ちなみにりゅうずを引き出して回転させると、時刻合わせやカレンダー合わせができる。

CLOTHES

靴べら

靴べらで靴のかかとを傷めてない？

足が入るのと同時に靴べらを引き抜く

1 靴べらは靴に対して垂直に差す。斜めに入れると靴のかかとを傷めるので注意。

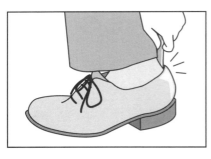

2 靴につま先を入れ、靴べらに沿わせて滑り込ませるように足のかかとを入れる。

3 足のかかとが入っていくのと同時に靴べらを引き抜いていく。足のかかとが完全に靴に入ってから靴べらを引き抜くと靴のかかとを広げることに。

CLOTHES

シューツリー

大切な靴。型崩れしていない？

脱いだ靴にすぐ挿入

シューツリーは靴の形を維持し、靴を長持ちさせるための、足に似た形状の器具。軸にバネがあり、つま先からかかとまで足が入ったときと同じような状態に保つ。脱いだらすぐにシューツリーを挿入。ただし、雨にぬれた場合は、新聞紙などで水けをとってから入れるとよい。

CLOTHES

傘

濡れた傘。アレの水を切るカンタンな方法、知ってる?

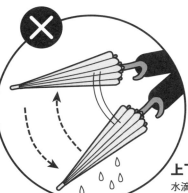

上下にふるう
水滴が周りに飛び散るので迷惑。

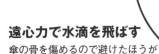

遠心力で水滴を飛ばす
傘の骨を傷めるので避けたほうがよい。

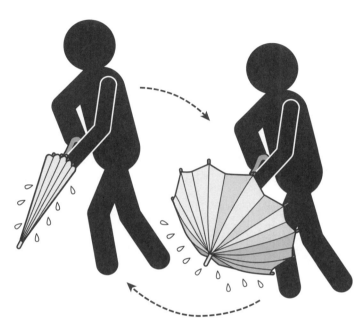

水をきるには、開いたり、閉じたり

ぬれた傘の水けをきりたいときは、傘を
さすときと同様に、傘を開ける〜閉じる
という一連の動作を繰り返す。傘の先を
地面に向けて、周りに人がいないかなど
を注意しながら、水けをきろう。

CLOTHES

新しい服に付いてくる共布

破れたときの当て布だけではない!?

洗濯や染み抜きのお試し用でもある

新しい服に付いてくるボタンは、なくしたときの替え用。小さな布きれ（共布）は、生地が破れたときの当て布としての用途もあるが、実は試しに洗濯をして、色落ちや縮み具合、痛みなどを確認できるように付いているそう。

WELLNESS
美容・衛生のアレ

WELLNESS

歯ブラシ

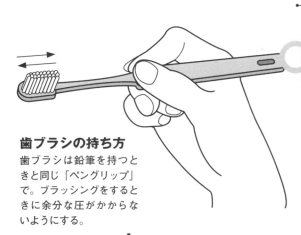

歯ブラシの持ち方
歯ブラシは鉛筆を持つときと同じ「ペングリップ」で。ブラッシングをするときに余分な圧がかからないようにする。

歯磨きは食事後30分以内に。

正しい磨き方もマスターしたい。

磨き順
歯は上下左右の4つの部位に分け、磨く順番を決めておくと、磨き残しがなくなる。各部位ごとに①歯の表面、②歯の噛み合わせ、③歯の裏側を磨いていく。

歯ブラシの当て方・磨き方

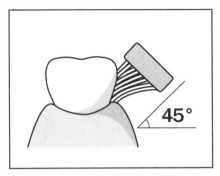

歯の表面や裏側、歯と歯ぐきの境目

歯ブラシを45°に当てる。歯列に沿って細かく横にストローク。ストロークの幅は歯ブラシのヘッドの半分(歯2本分)くらいが目安。1カ所につき10往復したらヘッド分を移動する。

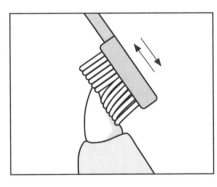

前歯の裏側や歯並びの悪いところ

歯の角度に沿って縦に当てる。

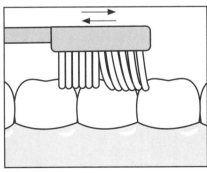

奥歯の噛み合わせ

上から90°に当てる。

WELLNESS

ドライヤー

髪がいつもサラサラに！ ドライヤーは上手に使えている？

根元から毛先へ乾かしていく

ドライヤーをかけるときは、髪の根元から毛先へと乾かしていく。髪の根元に指を入れて、根元から髪先へかき上げるように動かしながら、ドライヤーの風を送り込む。このときドライヤーをあまり近付けすぎないこと。髪から10〜20cmくらい離すとよい。また熱を1カ所に集中させないことも大切。髪が乾ききる前に、温風から冷風に切り替え、髪のキューティクルを整える。最後にブラッシングをして仕上げる。最後に冷風を当てることで、セットした髪が崩れにくいという効果もある。

WELLNESS

髪の毛、くしできちんととかせる

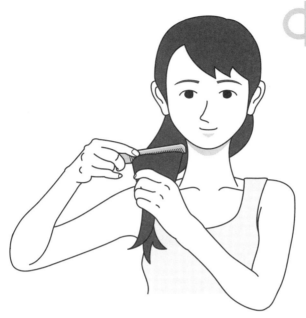

毛先からとかす

洗髪したあとは、くしでとかす前にまずは完全に髪を乾かすこと。最初に毛先のもつれをほどいていき、毛先に簡単にくしが通るようになったら、髪の真ん中へ、さらに頭の上からとかしていく。また、くしで頭皮をこすらないこと。細かい傷をつくって、炎症を起こすことがあるので気をつけよう。

WELLNESS

爪切り

深爪、してない?

爪の白い部分を
少し残すくらいに

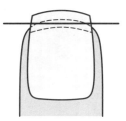

1 横にまっすぐに切る。白い部分を全部切ってしまうのは切りすぎ(深爪)。白い部分を少し残すぐらいにする。

2 両端の角を20°〜30°の角度をつけて切る。

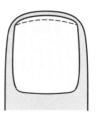

3 切り口をヤスリでなめらかに整える。

WELLNESS

耳かき

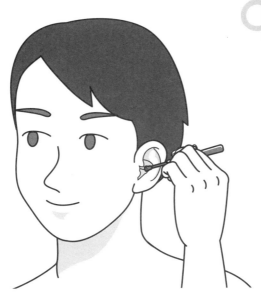

耳かきは毎日やってはだめ？どれくらいの頻度が適当？

2〜3週に1回程度で充分

耳かきはやりすぎると、耳垢を奥に押し込んでしまったり、外耳道の炎症を引き起こすこともある。また耳垢には雑菌の繁殖を抑え、皮膚を保護する役目もあるので、頻繁な耳掃除は必要ない。2〜3週に1回程度を目安に。

WELLNESS

指先や手首までしっかり。石けんを使った手の洗い方

石けん

帰宅時や調理の前後、食事前。きちんと石けんで手洗いしている？

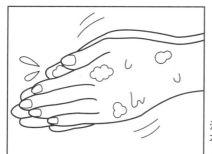

1
流水で手をよくぬらし、石けんをつけ、手の平をよくこすって洗う。

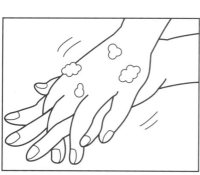

2
手の甲をよくこする。

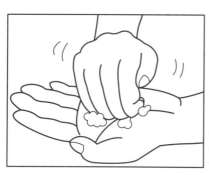

3
指先や爪の間をこする。手の平の上に指先をのせ、念入りに。

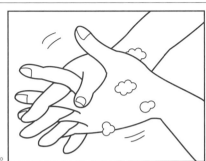

指の間を洗う。

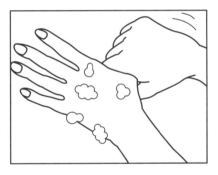

親指をもう一方の手でつつみ、ねじるようにして洗う。

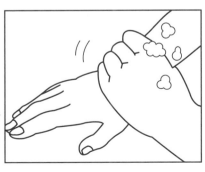

手首まできちんと洗う。最後に水で洗い流し、清潔なタオルやペーパータオルなどでよく拭き取り乾かす。

WELLNESS

アルコール消毒液

確実に消毒ができる使い方は?

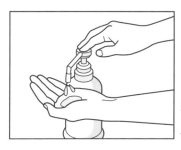

1. 適量を手のひらにとる。15秒以内に乾かない十分な量を使用する。

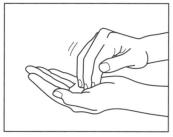

2. 爪との間も意識して指先によくすり込む。

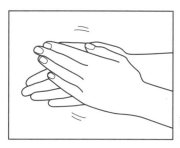

3. 両手のひら全体を擦り合わせてよくすり込む。

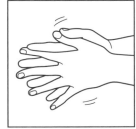

指の間、シワの間にもすり込む。

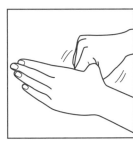

親指も握ってすり込む。手の甲にもすり込む。

揮発するまで15秒以上よくすり込む

途中で成分が揮発したら適量を追加する。手洗い時の石けんや水分が手に残っていると消毒効果が落ちるので、よくすすいで水けを拭き取ってから消毒液を。指先にはスプレータイプを直接吹き付けるのも有効。粘度があるジェルタイプや泡タイプは手からこぼれにくく、こすり広げやすい。

手首にもすり込む。

WELLNESS

不織布プリーツタイプのマスク

上下、表裏 間違ってない?

階段式プリーツ

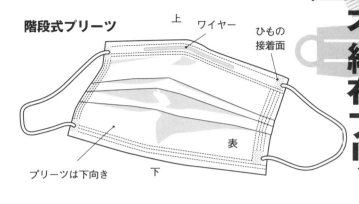

上 / ワイヤー / ひもの接着面 / 表 / 下 / プリーツは下向き

オメガ式プリーツ

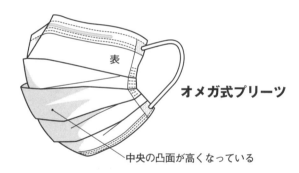

表 / 中央の凸面が高くなっている

ひもの接着面が表側になる

新型コロナウイルス対策としてすっかり浸透した不織布プリーツタイプのマスクだが、表裏、上下を間違って装着すると効果が薄れるので注意したい。ひだが階段式のプリーツはひだが下向き、ひもの接着面があるほうが表。プリーツが中央から上下に階段式になっているオメガ式は、中央の凸面が高くなっているほうが表になる。

96

マスクは鼻とあごをきちんと覆う

鼻の形に合うようにノーズフィッター(ワイヤー)の部分を上から軽く押さえる。

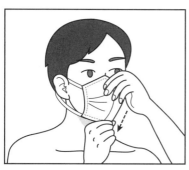

マスクを広げ、あごまできちんと覆う。鼻や下あごがマスクから出ないように。

マスクの部分を触れずにはずす

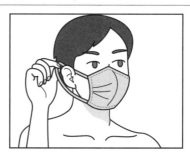

ウィルス感染を防ぐため、マスクをはずすときは、マスク部分に触れないのがコツ。片耳のひもを持ち、はずす。

WELLNESS

カミソリ

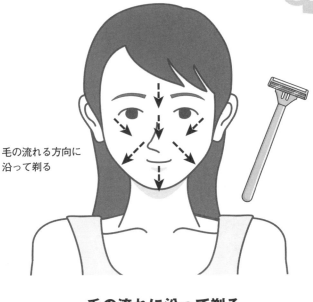

毛の流れる方向に沿って剃る

もしかすると逆剃り？
毛が生えている方向、わかる？

毛の流れに沿って剃る

女性が産毛を剃る場合も、男性がひげを剃る場合も、毛が生えている流れに沿って上から下へ剃るのが基本。ただし、ひげによっては剃り残しができる場合があるので、そのときは逆剃りをする。

CLEANING

掃除・洗濯・換気のアレ

CLEANING
ぞうきん

最後の1滴まで、絞りきれるか?

順手と順手で握った状態だと、ぞうきんを充分に絞れない。

NG

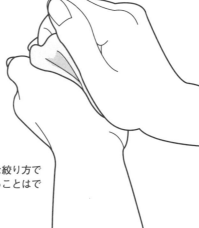

おむすびを握るような絞り方では、充分に水けを絞ることはできない。

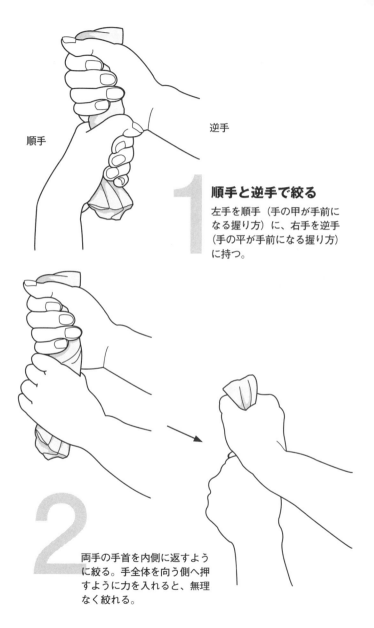

順手　　　　　　　　　　　逆手

順手と逆手で絞る

左手を順手(手の甲が手前になる握り方)に、右手を逆手(手の平が手前になる握り方)に持つ。

両手の手首を内側に返すように絞る。手全体を向う側へ押すように力を入れると、無理なく絞れる。

CLEANING

掃除機

掃除機をかけるとき、自己流になっていない？

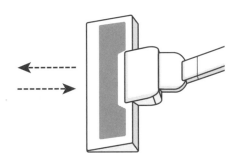

ゆっくりとリズミカルに

掃除機をかけるコツは、ゆっくりと端からかけること。ヘッド部が浮かない程度に前へ出したら、その半分くらいのスピードで引く、ということをリズミカルに繰り返す。

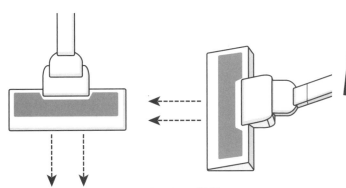

カーペットは縦横に

カーペットに掃除機をかけるときは、同じ場所を縦方向と横方向にかける。こうすることで繊維に入り込んだホコリを取り除くことができる。

OK

掃除機は背筋を伸ばして軽く持ち、部屋の奥から手前に向かって、後退するようにかける。

NG

腰を曲げた前屈みの姿勢で掃除機を床に押し付けると、かえって吸引力が落ち、腰を痛めてしまう。また、掃除機をあまり前へ出しすぎると、ヘッド部が浮いてしまい、うまくホコリを吸い込めない。

CLEANING

水切りワイパー（スクイジー）

跡が残らないように窓拭きをしたい！

縦、横、両方の組み合わせで拭く

水切りワイパーは、ガラスに付着した（汚れを含んだ）洗剤や水けをゴムで拭き落とす道具。拭き跡を残さずにきれいに拭きあげることができる。拭き方は、縦、横と、両方を組み合わせた方法がある。

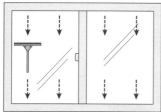

縦に拭く
ワイパーを立てて、上から下へ拭く。

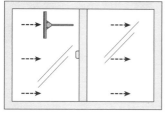

横に拭く
ワイパーを寝かせて、左から右（もしくは右から左）へ拭く。

縦・横の組合せ例

縦と横を組み合わせた拭き方のひとつが、縦と横を交互に繰り返し円を描くように拭きあげていく方法。縦と横に切り替えるときにゴム部分をガラス面から離さず手首を返してブレードの向きを変えるのがコツ。

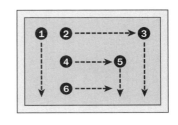

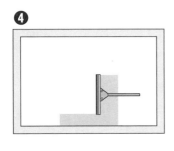
❹

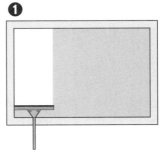
❶

❺

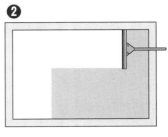
❷

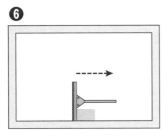
❻

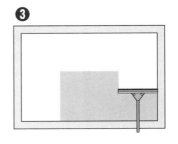
❸

CLEANING

サーキュレーター

効果的な空気循環のための使い方は?

冷房効果を高めたいとき

エアコンを背に置き、床と平行に送風。下にたまった冷気を循環させる。

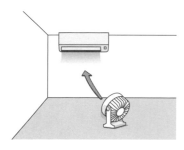

暖房効果を高めたいとき

エアコンと対角線に置き、エアコンに向かって送風。天井付近にたまった暖気を下に循環させる。

置く場所と向きがポイント

遠くまで強い風を送ることができるサーキュレーターは、部屋の一角にたまった冷気や暖気を循環させ、部屋全体の温度を均一にしてくれる優れもの。冷暖房効果が高まることで電気代の節約にもつながる。目的に応じた置く場所と向きを覚えておきたい。

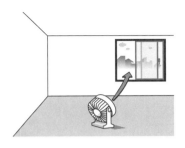

換気するとき

サーキュレーターは後方から取り込んだ空気を前方に送り出すので、窓に向かって置き、室内の空気を窓から外に出す。

2部屋の空気を循環させたいとき

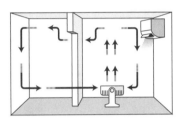
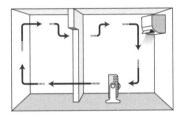

暖気を循環させたいときは、エアコンのある部屋の中央に真上に向けて送風。吸い込んだ床近くの冷気が、天井にたまった暖気と混ざり合い、空気が流れる。

冷気を循環させたいときは、エアコンを背に置き、冷気を送りたい部屋に向かって平行に送風。床にたまった冷気が遠くまで届く。

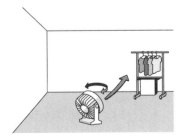

洗濯物を乾燥させたいとき

首振り機能を使いながら洗濯物に風を当てる。同時に除湿機を使うと乾きやすい。

CLEANING

アイロン

シャツのアイロンがけ。上手にするコツを知りたい

細かなところからかける

シャツは基本的に細かなところから順にかけていくのがポイント。例えば、腕→肩→右前身頃→後身頃→左前身頃→仕上げに襟（あるいは襟を最初にかけてもよい）の順に。

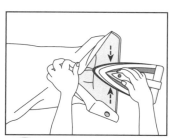

2 カフス
カフスは、内側にアイロンを入れて端から中央に向かってかける。

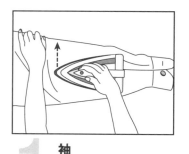

1 袖
袖は、脇の縫い目を基準に袖山に向かってかける。

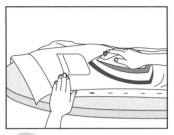

6 左前身頃
空いた手で前立てを押さえながらかける。

3 肩
アイロン台の先端にシャツかけて、肩の部分を平らにさせ、アイロンをかける。

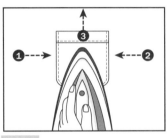

7 ポケット
左右から中央へかけ、最後に下から上へかける。

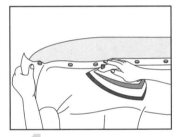

4 右前身頃
ボタンとボタンの間にアイロンを差し込むようにしてかける。

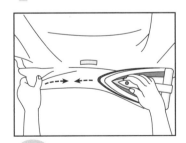

8 襟
襟は裏側をかける。空いた手で引っぱりながら、両端から中央へ向かってかける。

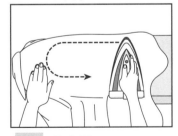

5 後身頃
空いた手でしわを伸ばしながらスイスイかける。

スチームアイロンのかけ方

スチームアイロンは、セーターやジャケットなどウール製品の編み地を整えたり、しわをとるために使う。アイロンを直接衣類に当てず、スチームを浸透させて、手でしわをのばし、整える。カーペットやカーテン、スリッパなどの風合いを元通りにするのにも使える。近年人気の衣類スチーマーはワイシャツやスーツの軽いしわなら、ハンガーにかけたままスチームを当てて伸ばせる。深いしわや細かなしわがたくさん付いている場合は、やはりパワーがあるスチームアイロンがおすすめ。

セーター

ジャケット

TOOLS
工具のアレ

TOOLS
バール

災害時にも活躍したと聞く、バールの正しい使い方。

てこ棒や釘抜きとして使う

バールは、金属製の棒で、てこの原理を利用して重いものを持ち上げたりする道具なので、一端が90°に曲がっているものが多い。先端は狭い場所に差し込むために扁平な形をしており、また釘抜きとして利用するため、先に切れ込みがある。

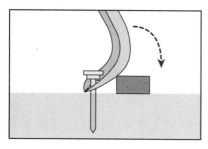

釘抜きとして使う

バールを釘の頭に差し込み、てこの原理で抜く。当て木をすると傷がつきにくい。

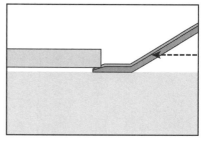

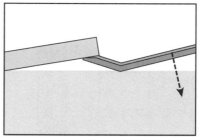

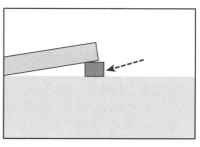

てこ棒として使う

重量物を持ち上げるときに、バールを差し込み、てこの原理で押し上げる。この状態を維持したいときは、隙間に角材などを入れる。

TOOLS

のこぎり

> DIYに必須! のこぎりの基本。

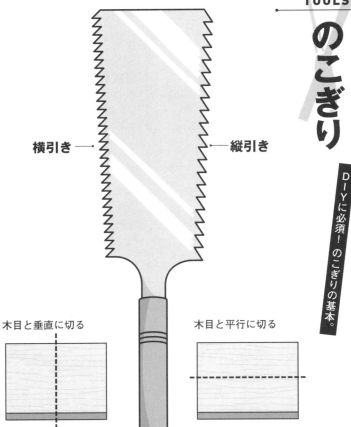

横引き　　　　**縦引き**

木目と垂直に切る　　　木目と平行に切る

横引きと縦引きがある

のこぎりにはいろいろな種類があるがDIYで使う代表的なものが両刃のこ。刃の細かい横引き、粗い縦引きを兼ね備える。横引きは、木目に対して垂直に切るときに使い、縦引きは木目に対して平行に切るときに使う。

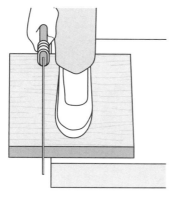

構え方

足・手・万力などで木材を押さえ、両手もしくは片手でのこを持つ。まっすぐ切るためには、のこの真上に顔が来るようにする。のこが真っ直ぐに引けているか確認しながら引く。

引き方のコツ

引き始めは20°くらいの角度でのこを引く。中間では30°くらいの角度で引き込む。引き終わりは角度を小さくしていき、柄が木材より下になるようにして引き終える。これは木材が、それ自体の重みで、折れたり、裂けたりすることを防ぐためだ。

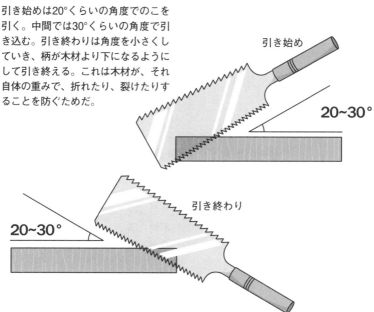

TOOLS
かなづち

平らな面と丸い面があるのはなぜ？

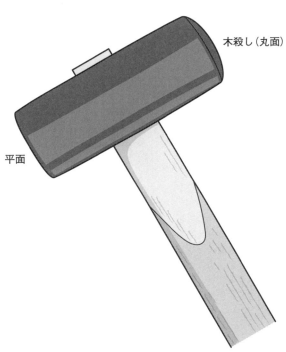

木殺し（丸面）

平面

最後は木殺し（丸面）で打つ

かなづちの叩く部分（槌）は、丸みを帯びているほうを「木殺し」（丸面）、平らなほうは平面という。釘を打つときの最後でこの木殺しを使う。丸いために木材を傷つけることなく、釘を深く打つことができる。

釘の打ち方

釘は木材に対して垂直に立てる。あらかじめキリで下穴を開けておくとよい。釘を打つときは、釘に対してかなづちを垂直に当てる。かなづちの重さを利用して平面のほうで垂直に叩く。

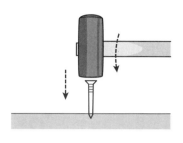

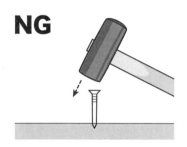

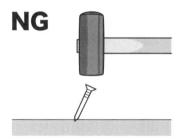

釘の打ち終わり

釘を打ち終わる頃になったら、槌を平面から木殺しにかえる。平面のままだと木材の表面に叩いた跡が付いてしまう。木殺しで叩けば木材を傷つけない。

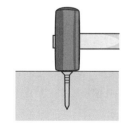

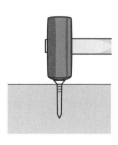

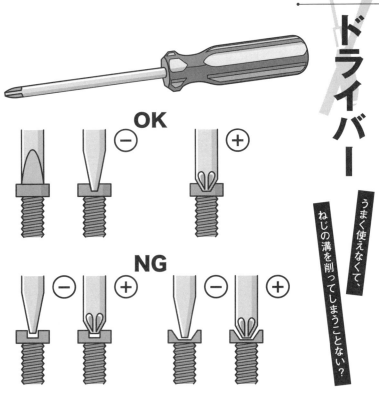

溝に合った大きさのものを使う

ねじの溝が削れてしまうのは、溝よりも小さなドライバーを使っているから。溝が削れてしまうと、締めにくく、かつ緩めにくくなってしまう。また、溝よりも大きなドライバーを使うと、力を入れているときに溝からドライバーが外れ、ケガをすることも。ドライバーは溝にぴったりなものを使うこと。

OUTDOOR
野外活動のときの アレ

OUTDOOR

双眼鏡

- 接眼レンズ
- 視度調整リング
- ピント合わせ
- 対物レンズ

みんなピントはずれ？
意外と知らない正しいピントの合わせ方。

最初に左目でピント合わせ

双眼鏡は中央部にピント合わせのリングがある。ピントを合わせるときは左目を使う。ピントを合わせた後、視度調整リングによって右目で見るほうのピントを調整する。

双眼鏡の使い方

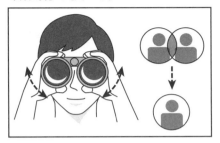

接眼レンズを左右の目の間隔に合わせる。両手でボディを持ち、両目でのぞきながらボディをゆっくり開閉する。左右の視野が重なってひとつの円になったら完了。

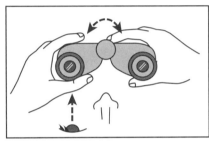

左側の接眼レンズを左目でのぞき、ボディ中央部にあるピント合わせのリングを回す。

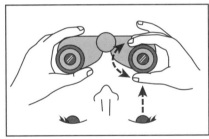

右側の接眼レンズを右目でのぞきながら、視度調整リングを回し、ピントを合わせる。

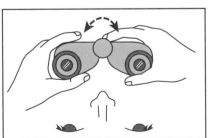

目標物を変えるときは、ピント合わせのみを回して、ピントを合わせる。

OUTDOOR

ルーペ

ルーペは、見たいものに近付ければいいの？

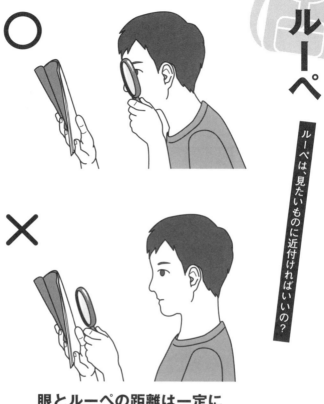

眼とルーペの距離は一定に

ルーペを使うときは、目とルーペの距離を一定に保つのがコツ。動かせるものを見るときは、対象物をルーペ（と目）に近付ける。動かせないものを見るときは、見る人（ルーペと目）が対象物に近付いて見る。ルーペは眼鏡のようなもの。ルーペと目の距離が離れすぎないように。

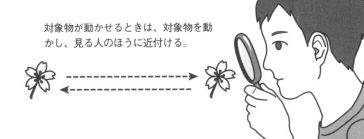

対象物が動かせるときは、対象物を動かし、見る人のほうに近付ける。

対象物が動かせないときは、見る人が対象物のほうに近付いていく。

OUTDOOR 炭

どうやって火を起こす？

バーナーで直接火をつける

ガスボンベにバーナーを取り付けるトーチバーナーを準備しておけば、火がつくまで直接木炭を炙れるので、失敗はない。

道具や着火剤を使うと手早く確実に着火できる

BBQや焚き火で、オロオロすることなく手早く炭の火が起こせると、なんだかカッコいい。ライフラインがストップした被災の現場でも、手に入る材料で炭の火を起こす技術は役に立つはず。初心者でも確実に火を起こせる、道具や着火剤を使う方法から覚えておきたい。

着火剤を囲むように炭を円筒状に積み上げる

固形かパック式の着火剤を置き、それを囲むように円筒状に炭を積み上げる。柄の長いライターで着火剤に火をつけると、下部から引き入れられた空気が上昇して気流が生まれる煙突効果で、放っておいても15分から20分で炭に火がつく。

火おこし器（チャコールスターター）を使う

上記の煙突の役割をする火おこし器を使う方法。着火剤に火をつけて入れ、火おこし器の中に空気が昇ってくる隙間を作るように炭を入れる。火が起こったら火おこし器を外して（炭の煙突を崩して）、炭を広げる。

新聞紙を利用して着火

新聞紙は身近でコスパのいい着火剤。棒状にねじった新聞紙10本ほどを井桁に組み、その周りを囲むように炭を円筒状に積み上げる。新聞紙の中央にも炭を入れ、そこに火をつけた新聞紙を落とすと、数分後には炭に火が移る。ただし灰（燃えカス）が舞うので使う場所に注意。

牛乳パックを利用して着火

ワックスコーティングされた牛乳パックも、便利な火おこしアイテム。牛乳パックを小さめにちぎってコンロの中に重ねておき、網の上に炭をセットしたら牛乳パックに火をつける。

OUTDOOR

リュックのブタ鼻

ふたつの穴は何に使うもの？

- ピッケルホルダー
- ループ
- 穴にベルトを通してピッケルを固定
- ← タウンユースのリュックにピッケルを取り付けることはほぼないが、ホルダーとループを使ってこのようにピッケルを取り付ける、という参考イラスト

もともとはピッケルホルダー

「ブタ鼻」や「コンセント」と呼ばれる、リュックの上のほうについている縦長の2つの穴が並んだ革パーツ。正式には「ピッケルホルダー」という。登山では、リュックの底部分についているループにピッケル（つるはしのような形の登山道具）の柄を上から通し、その柄を上に反転させて、ブタ鼻に通したベルトで固定、という使い方をする。

OUTDOOR

メガホン

メガホンは実は持ち方が重要だった!?

水平あるいは やや上向きに持ち マイクに近い距離で 声を出す

災害時の誘導にも使われるメガホン。いざというときに正しく呼びかけをするために重要なのは、まず持ち方。音が広く届きやすいように、水平あるいはやや上向きに持つこと。マイク部分に唇が触れるくらいの近い距離で、大きな声で話すことも重要。

下向き、手で覆う マイクから口が離れている

スピーカー部分が下向きでは音が拡散されない。マイク部分を手で覆ったり、口が離れていると、音がこもったり聞き取りにくくなる。

PREPARE

転ばぬ先の
アレ

正しい持ち方

痛む足の反対側の手で持つ

杖はカバーしたい足とは反対側の手で持つ。体重が杖の中央にかかるように、正しく握ること。適切な杖の長さの目安は（身長÷2）＋3cmとされるほか、①足の小指の外側15cmのところに杖をついて肘の角度が30度になる長さ、②床から足の付け根までの長さ、③腕を真っ直ぐ下ろしたときの手首までの長さの3種類ある。

PREPARE

杖

杖はどっちの手で持つ？

適切な長さは？

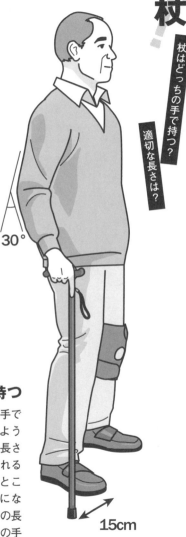

意外と知らない杖の歩き方

杖を使う人の約8割が知らないとも言われる、杖をつく正しい歩き方は2種類ある。

3動作歩行　…杖に慣れるとき、足に痛みがあるとき

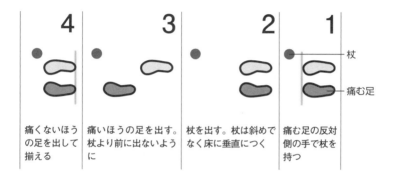

2動作歩行　…杖に慣れてきたとき、足に痛みがないとき、3動作歩行がつらいとき

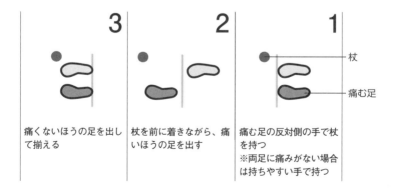

固型式ライフジャケットの着方

PREPARE

ライフジャケット

どう着用するのが正しい？

落水すると緩むのでベルトはややきつめに締める

発泡プラスチックなど固型の浮力材を使用。着心地や作業のしやすさは膨張式にやや劣るが、落水時は何もしなくても浮くのでパニックになりにくい。多いのはチョッキのように着るタイプ。落水すると緩んでずり上がるので、ベルトはややきつめに締める。

① ジャケットに両腕を通す

② 前のファスナーとバックルを締める

③ 肩、横のベルトを締める

④ 股ベルトがある場合は必ず通す

水辺のレジャーの際には、落水や溺れたり流されるなど万が一の事故に備え、ライフジャケットの着用が推奨されている。ライフジャケットには浮力の仕組みが異なる、固型式と膨張式の2種類がある。

膨張式ライフジャケットの着方

一度膨張したものは
ボンベの交換をすること

首かけ式

自分で作動索（ひも）を引き、ボンベからガスを出して気室を膨らませる手動式と、手動式に加えて落水時に自動で膨張する補助機能がついたタイプがある。首かけ式やベルト式など形状はいくつかある。一度膨張するとボンベなどの交換が必要。

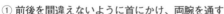

作動索

ベルト式

① 前後を間違えないように首にかけ、両腕を通す
② 体に密着するようにバックルを締める
③ 作動索がすぐ引ける状態か確認する
● 落水時には作動索を引いて膨らませる

① 腰に巻いてベルトを調整し、体に密着するようにバックルを締める
② ベルトの端が邪魔にならないようにしまう
③ 作動索がすぐ引ける状態か確認する
● 落水時には作動索を引いて膨らませる。浮き輪のように膨らむタイプと、円柱型に膨らんだ浮きを両脇に抱えるタイプがある。

作動索

PREPARE

自転車用ヘルメット

テキトーにかぶってはだめ？

後ろのアジャスターのダイヤルを緩める

自分の頭部のサイズに合わせるために、まず緩める。

深く水平に被る

眉毛とヘルメットの間に指2、3本入るくらいが目安。

水平に深くかぶってあごひもを調節

令和5年の4月1日から、自転車に乗る際にはヘルメットの着用が努力義務となった。自転車の死亡事故では6割以上が頭部に致命傷を負っているというデータも。ズレたり脱げたりでは意味なし。頭部を守るための、正しい自転車用ヘルメットのかぶり方を知っておこう。

後ろのアジャスターを今度は締める

最初に緩めたダイヤルを窮屈でない程度に締め、以下を確認。
・締め付けられて痛いところはないか、浮いているところはないか?
・頭を前後左右に振ってもズレたり落ちてこないか?

左右のストラップを耳たぶの下に調整

ひも先が右側にあるので、調整は左耳側から。ひもがねじれていないか、耳にかかっていないか確認。

あごひもは指2本分の余裕をもって

あご下に指が2本入る程度の余裕をもたせながら、しっかり締める。余ったひもがブラブラしないようにリングに通しておく。

PREPARE

タイヤの空気入れは3種類

自転車のタイヤの空気入れにはフランス式、イギリス式、アメリカ式の3種類がある。タイヤの空気を入れる部分のバルブ(口金)の形が異なり、空気入れ(ポンプ) のバルブの形も異なる。

フランス式 ロードレーサー、折りたたみ自転車に使われていることが多い。

自転車の空気入れ

自転車のタイヤの空気入れは3種類。自分の自転車はどのタイプか知っている？

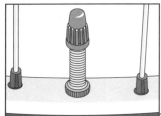

1　口金にはキャップが付いているので、これをはずす。※イギリス式、アメリカ式も同様。

2　ネジが付いているので、これを全開に緩める。空気がゆっくりと抜けていく。

3　ロックが固くなっていることがあるので、口金の先端を軽く押して、口金の固着を取る。

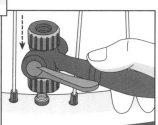

4　フランス式の空気入れの口金はこのような形。奥まで差し込む。

5 レバーを起こしてロックする。

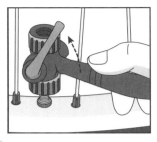

6 空気を入れる。

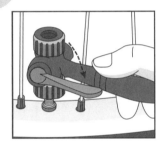

7 空気を入れ終わったらレバーを解除。2で緩めたネジを締め、キャップをする。

イギリス式 いわゆるママチャリなど一般自転車に使われていることが多い。

2 空気入れの口金はこのような形。そのまま取り付け、空気を入れる。終わったら、空気入れの口金をはずし、キャップをする。

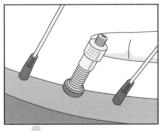

1 キャップをはずすと、このような形の口金。ネジを回したり、押したりする必要はない。

アメリカ式 MTBに使われることが多い。

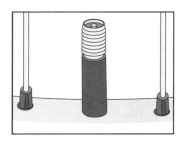

1 キャップをはずすと、このような形の口金。

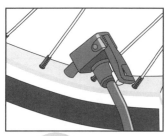
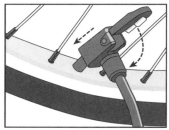

2 空気入れの口金はこのような形。奥まで差し込み、レバーを寝かせてロック。空気を入れたら、レバーを解除して空気入れの口金をはずし、キャップを取り付ける。

適正な空気圧で

タイヤの側面には［65-100 PSI／4.5-6.9 BAR／450-690kPa］といった記載がある。PSI、BAR、kPaはいずれも空気圧の単位で、適正な空気圧の最低値〜最高値、あるいは最高値のみが記載されている。空気圧計で測ってPSIなら65-100の間の数値であれば適正という意味。空気圧計がない場合は、両手の親指で強く押して、ようやく少し凹むぐらいが目安。

EMERGENCY

緊急のときの
アレ

EMERGENCY

携帯トイレ

災害時用にストックしているけど、どう使うのか知らない…

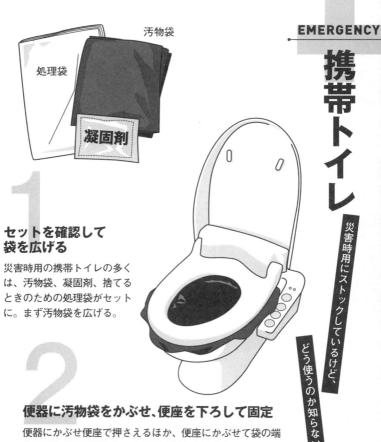

汚物袋
処理袋
凝固剤

1 セットを確認して袋を広げる

災害時用の携帯トイレの多くは、汚物袋、凝固剤、捨てるときのための処理袋がセットに。まず汚物袋を広げる。

2 便器に汚物袋をかぶせ、便座を下ろして固定

便器にかぶせ便座で押さえるほか、便座にかぶせて袋の端を便座と便器の間にしっかり挟み込む方法もある。

トイレやバケツに袋をかぶせて排泄後に固める

災害時、断水で自宅の水洗トイレが使えなくなることを想定して、携帯トイレをストックしている人も多いはず。実際に使うときに慌てないために、トレイに袋をかぶせて、排泄後に凝固剤で固める、一般的な携帯トイレの使い方をシミュレーションしておこう。

3 排泄後、凝固剤を全体に振りかける

固まり残しがないように、凝固剤は全体に行きわたるように振りかける。

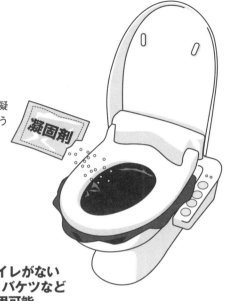

洋式トイレがない場合は、バケツなどでも代用可能

4 汚物袋の口をしっかり縛って処理袋へ

処理袋も漏れないようにしっかり縛る。可燃ゴミとしてそのまま処分できる。

防災用折りたたみヘルメット

EMERGENCY

折りたたんだヘルメットをどうかぶるの？

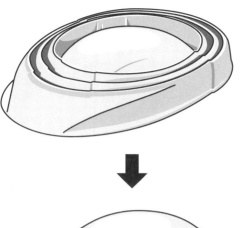

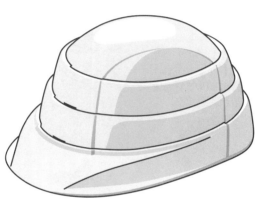

頭に置いて蛇腹を引き下ろす

災害時に頭部を守るヘルメット。平常時からコンパクトになって携帯しやすく、場所をとらずに収納しやすい、折りたたみタイプが人気のよう。蛇腹形状のものは、なんと頭にのせて引き下ろすだけ。これなら慌てていてもかぶれそうだが、安全確保のためにはその後の調節が大切なのだ。

※イラストは加賀産業「オサメット」を参考にしています。

4 後部のヘッドバンドを締めて調節。

1 折りたたんだ状態で頭にかぶる。

5 <たたむときは>
内側の3カ所をカチッと押して全体を押したたむ。

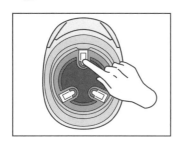

2 左右を持って蛇腹を伸ばすように下ろす。

3 ひもを耳にかけ、あごひもを調節。

EMERGENCY
さすまた

時代劇の捕物で見たような…。

今どきどう使うの？

相手を近寄らせない押さえ方がある

近年、不法侵入者に対する防犯対策として、さすまた（刺股）を配備する学校や公共施設、店舗が増えている。さすまたは相手を攻撃する道具ではなく、あくまで警察が到着するまで時間を稼ぐ護身用具。凶器を持っている不審者を牽制したり、近寄れないように押さえるために、基本的な使い方3つを知っておきたい。

柄の長さは2〜3mあり、先端の大きなU字の部分で不審者を押さえる。

144

さすまた　3つの基本的な使い方

不審者と1対1の対峙は避け、必ず複数人がそれぞれさすまたを持ち、連携して取り囲む。

胴押さえ

不審者の腰や胴をU字部分で挟み、壁に押し付ける。

袈裟押さえ

不審者の肩から胸にかけてを斜めに押さえつける。

足押さえ

片足の太ももの付け根を押さえつける。

EMERGENCY

松葉杖

1本杖を使うときは健常な足のほうで杖を持つ

1本杖を使う場合は、健常な足のほうで杖を持つ。体重が健常な足と杖に分散されるため、受傷している足には負担がかからない。

> 松葉杖って2本で使うもの？
> それとも1本で使うの？

松葉杖の持ち方

① 松葉杖の先端を健常側爪先の15cm前方、外側に置く。
② 松葉杖の上部は、わきの下から指2〜3本分（5cm程度）空けた位置にして、軽く肘を曲げて握り手（グリップ）を握った高さが、大転子（足の付け根の外側の骨のあたり）の高さになるように調節する。
※松葉杖を使う際はわきの下では体重は支えず、腕で支える。

受傷側

15cm

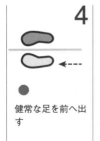

1本杖

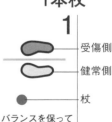

1 バランスを保って立つ

- 受傷側
- 健常側
- 杖

2 杖を前へ出す。前へ出しすぎると転倒の恐れがあるので注意

3 受傷している足を杖の位置くらいまで出す

4 健常な足を前へ出す

症状によって使い方が異なる

松葉杖は2本1組で使うこともあれば、1本だけのこともある。2本1組の場合、身体をしっかり支えることができるので、下半身麻痺や骨折、捻挫などの障害のある人に適している。リハビリの場合は、足に体重をかける練習をするために、歩き方や歩幅を変えたり、杖を1本にすることがある。

2本杖

体重をかけない歩き方

3 体重を前方の杖に移し、重心もやや前方に移し、さっと健常な足を前に出す。杖よりやや前に出るくらいに。

2 健常な足に体重をかけてから、両方の杖を前に出す。難しい場合は片方ずつ前に出す。あまり前に出しすぎないように注意。

1 バランスを保って立つ

（杖／受傷側／健常側／杖）

体重をかけた歩き方

杖と受傷した足を支点に、健常な足を前へ出す

杖と受傷した足を同時に前へ。このとき受傷した足にも部分的に体重がかかる

バランスを保って立つ

EMERGENCY 消火器

一度も使ったことがない？消火器の使い方、わかる？

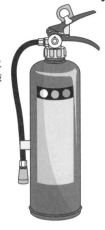

1. 消火器を取りに行く。消火器を運ぶ前に安全ピンを抜いてしまわないよう注意。

2. 安全ピンを抜く。

3. ホースをはずし、必ずホースの先端を持って火元に向ける。ホースの途中を持つと狙いが定まらず、的確な放射ができないので注意。

4 レバーを強く握り、噴射。

5 室内では、出入り口などを背に、逃げ道を確保した状態で消火する。消火器の放射時間は、消火器の種類や薬剤の量にもよるが15秒程度。ホースを持った手を左右に小刻みに振りながら消化すると効果が上がる、との実験結果も（ALSOK実証実験2022年）。消火器による消火の目安は、炎が天井に到達するまでとされる。消火の際、危険を感じた場合は直ちに安全な場所に避難すること。

EMERGENCY

AED（自動体外式除細動器）

ビルなどの通路で見かけるAED。アレが何か、知っている？

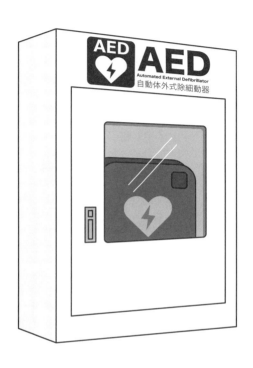

誰でもできる応急処置機械

AEDは、心電図を自動的に解析して、除細動（心臓がけいれんした状態を取り除く）のための電気的なショックを与える必要があるかどうかを判定し、それが必要な場合に使用者に知らせ、通電ボタンを押すことで除細動が行われる医療機器である。救急現場で、一般の人でも簡単に使えるように、装着のしかたを絵で説明していたり、音声ガイダンスが流れるようなしくみだ。万一のとき、すばやい応急処置が命を救うことがある。どのように使われるのか、おおまかな流れを知っておこう。

AEDを含む救急法の流れ

心停止が疑われるとき、必要なことは、「119番通報とAEDの要請」「胸骨圧迫」「電気ショック」。

1 反応の確認

肩をたたく、声をかけるなどして反応を確認する。耳元で「大丈夫ですか」と3回ほど声をかける。

2 助けを求める

反応がない場合、反応があるかどうか迷った場合またはわからなかった場合は、大声で応援を求め、119番通報とAED搬送を依頼する。

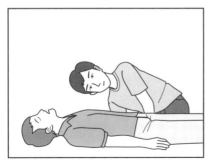

3 呼吸の確認

胸と腹部の動きを見て、「普段どおりの呼吸」をしているか、10秒以内で確認する。

4

胸骨圧迫

普段通りの呼吸がない場合、判断に迷うまたはわからない場合は、すぐに胸骨圧迫を30回行う。しっかり体重をかけて胸の真ん中を押し下げ、すぐに緩める。これを1分間に100～120回のテンポで。倒れた人が動き出すか、救急車が来るか、AEDが届くまで続ける。

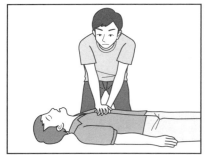

圧迫する場所

押さえる場所は胸の真ん中、固い骨（胸骨）の下半分。

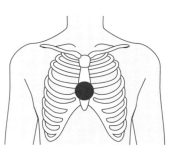

手の組み方
図のように手を組み、手の付け根の部分を胸に当て、圧迫する。

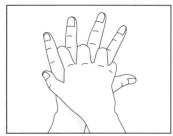

手前から見たところ

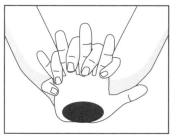

手の付け根、印の部分で圧迫

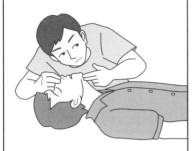

気道を確保し、鼻をつまむ

胸部が上がるか確認しながら

5 人工呼吸

訓練を積み技術と意思がある場合は、人工呼吸を行う（人工呼吸2回と胸骨圧迫30回を繰り返す）。人工呼吸用マウスピース等がない場合、血液や嘔吐物などにより感染の危険がある場合は人工呼吸を行わず、胸骨圧迫を続ける。

6 AEDを操作

AEDが届いたら電源を入れる。音声による指示が始まるのでそれに従う。電極パッドを貼る場所なども絵による説明が機械に付いている。電気ショックが必要な場合は、「電気ショックが必要です」と音声が流れ、充電が始まる。「ショックボタンを押してください」「離れて」などの音声の指示に従って行動する。

〈オートショックAED〉
このマークが付いているAEDは、心電図解析後にAEDが電気ショックが必要と判断した場合、自動で電気ショックを行う。

ブースターケーブル

EMERGENCY

バッテリーが上がったときリスタートできる?

救援車のバッテリーにつなぐ

ライトの消し忘れなどでクルマのバッテリーが上がってしまった場合は、ほかのクルマから電気を一時的に分けてもらうとエンジンをかけることができる。このときに必要なのがブースターケーブルという赤黒の2本の専用コード。赤がプラス、黒がマイナス。これでバッテリーが上がったクルマと救援車を左記の順番でつなげる。

5 救援車のエンジンを始動。アクセルを踏み、回転を少し高く保つ。

6 バッテリーの上がったクルマのスターターを回し、エンジンを始動。

7 エンジンが始動したら、ケーブルをつないだときと逆の順番で取り外す。

1 赤のケーブルをバッテリーが上がったクルマのバッテリー（プラス側）に接続。

2 赤のケーブルのもう一端を救援車のバッテリー（プラス側）に。

3 黒のケーブルを救援車のバッテリー（マイナス側）に接続。

4 黒のケーブルのもう一端をバッテリーが上がったクルマのエンジンルーム内の金属部分に。

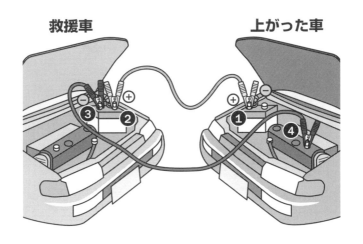

救援車　　　　　　　　　**上がった車**

EMERGENCY

発煙筒

クルマが故障。もしものときの発煙筒の使い方、知っている?

点火して、周囲に危険を知らせる

故障や事故でクルマを停車させなければいけないとき、後続車や周囲に危険を知らせるために使用する。赤い炎と煙が上がるので、とくに踏切で動けなくなってしまったときに使うと有効。助手席の足元のあたりに格納されていることが多い。

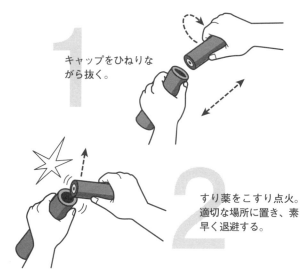

1 キャップをひねりながら抜く。

2 すり薬をこすり点火。適切な場所に置き、素早く退避する。

EMERGENCY

三角表示板

もしものときの停止表示板、クルマに常備している?

いざというとき車両の後方に置く

発煙筒と同様に三角形の赤い停止表示板もクルマに常備しておきたい。クルマが動けなくなってしまったとき、車両の後方に設置することで、後続車に注意を促し、二次災害を防止する。早めに危険を察知してもらうため、車両の後方50〜100mの路上に置く。車両が見通しの悪いカーブ先に停車している場合は、カーブの手前に設置する。

EMERGENCY

ロウソク

ホコリをかぶったロウソク 洗っても大丈夫か？

芯をぬらさないように

照明が使えなくなる災害時に備えて、ロウソクは常備しておきたい。安全のためにはロウソク立てを使用すること。ない場合はガラス瓶や不燃性の容器に入れて使う。ホコリをかぶってしまったロウソクは、芯をぬらさないように水洗いする。もし、芯をぬらしてしまっても充分に乾かせば大丈夫。ちなみに、一度塩水につけて乾かしてから使うと、なぜか、ロウソクのたれが少なくなる。試してみて。

UNEXPECTED
アレの意外な使い方

UNEXPECTED 12

気泡緩衝材(プチプチ®)

梱包以外にもこんな活用法があった!

床や地面にマットとして敷く

気泡に詰まった空気に断熱保温効果があり、災害時に床や地面に敷けば冷気を防げる。クッション性もあるので重ねて座布団代わりにもなる。

窓や天井に貼って断熱

窓や天井から侵入してくる冷気も、プチプチを貼ることでシャットアウト。室内の熱も逃がさない。

断熱・防寒、クッション材として避難時などに役立つ

日々、梱包の際にお世話になっているプチプチ。正式には気泡緩衝材という。プチプチという名前を登録商標している川上産業では、その断熱・防寒性、クッション性を活用する方法を、実際に避難所や防災の現場で提案している。

かぶったり
くるまって暖をとる

首の穴を開けてポンチョ状にかぶったり、毛布のようにくるまることで、冷気を防ぐとともに、自分の体温による保温効果も。

指でつぶしてストレス発散

気泡の粒を無心につぶすことで気分が落ち着く。

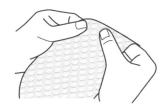

体や足に巻いて
防寒着に

暖房のない場所では、冷えやすいお腹や腰、足などに巻くことで、自分の体温が暖房になり冷えにくい。

懐中電灯にかぶせて
広範囲を照らす

プチプチを袋状にして懐中電灯にかぶせると、光が拡散して室内照明として使える。ただし発熱の恐れがある場合は使用しないこと。

UNEXPECTED 12

新聞紙

災害時には1枚で何役もこなすスグレもの！

器の形に折って食器に

折り紙の要領で器状に折って食器代わりに。ラップやアルミホイルをかぶせると水分の多いものも入れられる。

丸めて骨折したときの添え木代わりに

何枚かを重ねて棒状に丸めると、かなりな強度がある。骨折したときの添え木に。

常に一定量ストックしておきたい

新聞紙は吸水、保温、除湿、消臭などの機能をもつ、軽量の優れた紙素材でもある。読み終わってもすぐ捨てずに、家庭には常に一定量ストックして、災害時に備えたい。

体に巻き付けて防寒に

軽く薄い紙なので、腹巻のように体に巻きつけやすく、体の熱も逃しにくい、

クシャクシャにして服の中に入れると防寒に

1枚でも保温性がある新聞紙だが、クシャクシャにすることで空気の層ができ、より防寒力がアップ。

火おこしの着火剤に

燃えやすい新聞紙は、炭や薪で火を起こす時の着火剤に。ただし灰やススが出やすいので注意。すぐ燃え尽きてしまうので、ぎゅっと固めにねじっておくと燃焼時間が多少は長くなる。

ちぎって丸めてトイレの吸水・消臭剤に

段ボール箱やバケツにビニール袋を広げ、その中に丸めた新聞紙を入れると、吸水、消臭効果で簡易トイレに。

UNEXPECTED

ポリ袋

サイズによって使い方はいろいろ

リュックに入れて水を運ぶ

水の運搬にはポリタンクでなくても、ポリ袋に入れた水をリュックで背負って運ぶ方法も。袋は厚手のものや二重使いで。

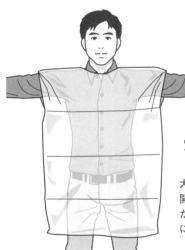

穴を開けてかぶればポンチョに

大きいポリ袋に首と腕の穴を開けてかぶれば、ちょっとした雨風ならしのげるポンチョになる。

大小のサイズを揃えておきたい

日常生活でもないと困るポリ袋だが、災害時にもさまざまなものの代替品として活躍する。防災グッズとして、大小いくつかのサイズを揃えておきたい。

手にかぶせて
手袋代わりに

調理の際や汚物を扱うときに、簡易手袋として使う。何度も手を洗わなくていいので、貴重な水の節約に。

レジ袋の両端を切って
三角巾に

大きめのレジ袋の両脇をはさみで切り、持ち手を首にかける。痛めた腕を通すと即席の三角巾に。

ボウル代わりに食材を
入れて調理

混ぜたりする調理のときにポリ袋を利用すれば、洗う水を節約できる。

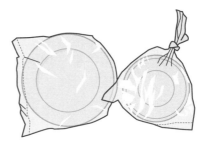

食器を入れて使えば
洗い水の節約に

食器を袋に入れ、その上に料理をのせて使うと、袋の交換だけで食器を洗わなくてもよく、紙皿なども使い捨てず使える。

粘着テープ

UNEXPECTED 12

防災用品としても準備しておきたい

段ボールなどの資材を止める

避難所でパーテーションやマットとしてよく使われる段ボール。留めたりつないだりするときは、粘着力が強い布テープなどを。

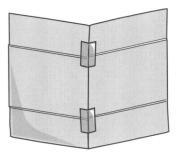

メモや名札の代わりに

布テープや養生テープには油性マジックで文字が書ける。伝言メモや名前をなどを書いて名札として使える。

「公民館に避難しています」

粘着力が強いものと弱いもの両方を用意

貼ったり留めたりの本来の使い方のほかに、災害・避難時には何通りもの活用法がある粘着テープ。布、クラフトといった素材違いや、養生テープなど貼りはがしが容易な粘着力が弱いものなど、いくつかの種類を用意しておくと心強い。

散らばったものの回収

掃除機がかけられない場所で、ゴミや細かいものが散らばってしまったときに、テープを輪にして粘着させて回収。

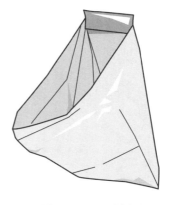

袋や紙の貼り付けに

壁などに袋を留めてゴミ入れにしたり、予定表や連絡先などのプリントを貼っておくときに。

ケガの手当てに

ケガをした部位に清潔な布を当て、粘着テープで強く巻くと止血に。骨折した部位に添え木を当てて固定するときにも。

靴や服の簡易補修に

破れたりはがれたりした部分に、粘着テープを貼ったり巻いてひとまず補修を。家具や窓ガラスなどの破損の簡易補修にも。

UNEXPECTED

クリップ

書類をはさむだけじゃない。
クリップの不思議な(?)使い方。

チューブ状の歯磨きの絞り止めに

マネークリップやキーホルダーとして

T型かみそりのカバーに

スポンジ立てに

メッセージカード立てに

スマートフォンたてに
ふたつのクリップを下記のように組み合わせる

3 横から見るとこんな感じ

1 大小2つのクリップを用意

4

2 大のクリップで小のクリップをはさむ。

UNEXPECTED

洗濯ばさみ

洗濯ばさみは、洗濯物をはさむだけのものじゃない？

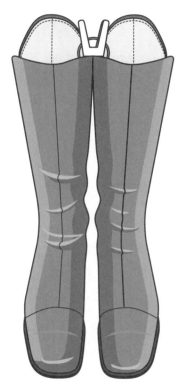

ブーツ崩れを防ぐ

寒い季節になると履くことが多くなるロングブーツ。筒部分が柔らかなブーツだとどうしてもその部分が倒れてしまう。そんなときは洗濯ばさみではさむと、シャキッと立ってくれる。シワもできず、収納もしやすい。

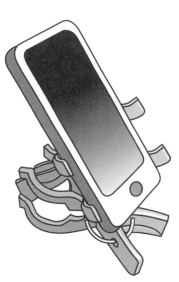
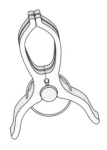

スマートフォン立て

U字型の洗濯ばさみを下記のようにはさむとちょうどスマートフォンを立てかけられるスタンドになる。

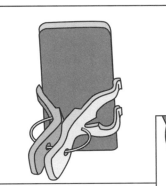

U字型洗濯ばさみでスマートフォンを後ろからはさむ。

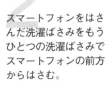

スマートフォンをはさんだ洗濯ばさみをもうひとつの洗濯ばさみでスマートフォンの前方からはさむ。

UNEXPECTED 12 綿棒

耳掃除やメイク以外にも活躍。さまざまな綿棒の使い方。

綿棒のおもな形

凹凸タイプ
綿の部分を凹凸やらせん状に加工したもの。耳掃除などで凹部分が汚れを捉える。

とんがったタイプ
おもにメイク用として、アイラインやリップを修正するのに適している。

レギュラー
一般的な形状の綿棒。このほか綿の部分が細いものや太いものもある。

ペットのケアに
オリーブオイルなどを含ませた綿棒で耳や鼻、肉球のケアに。目やにを取る際は軽く水に浸すとよい。

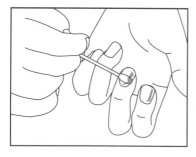

ネイルのケアに
爪の際に残ったマニキュアを落とす時に役立つ。

172

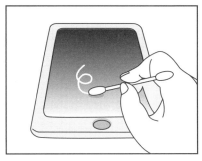

タッチペンの代用に
電子手帳や携帯用ゲーム機などのタッチペンを失くしてしまったときに、綿棒で代用。

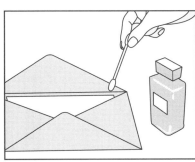

香水を付ける
香水を綿棒に含ませて付ける。量が調節でき、付けすぎることがない。手紙などに香りを付けるときも便利。

電気機器の掃除に
パソコンのキーボードやマウス、電話のボタンなど細かな部分の掃除に綿棒を。

UNEXPECTED 12

オリーブオイル

料理のほかにもいろいろオリーブオイルの意外な使い方。

ヘアケアに

エクストラバージンオイルを傷んだ髪に含ませることで、髪のつやを取り戻す効果が。シャンプー＆コンディショナーをする前に、傷んだ毛先などに付ける。ばさばさの枝毛がツルツルに。

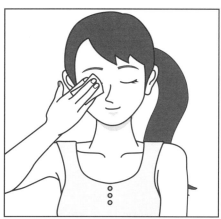

メイク落とし

もともとクレンジング剤にオリーブオイルが含まれていることもあるので、クレンジング剤の代わりに使うこともできる。

入浴剤に

天然塩やエッセンシャルオイルなどと同様、オリーブオイルも浴槽に入れると、肌の保湿などの効果がある。

※食用オリーブオイルは酸化防止剤などが含まれていないものを使う。薬局で売っているオリーブオイルが1本あると、いろいろと使い回せて便利だ。

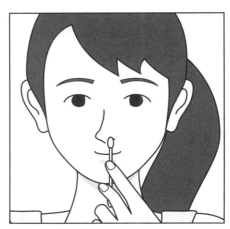

風邪などの予防に

コップ1杯の水にオイルを数滴落としてうがいすると風邪の予防に。また、綿棒にオイルを付け鼻の粘膜に塗ると保護膜になって、風邪や花粉症の予防になる。

東京トリセツ研究会

モノ好き、活字中毒が高じて、誰も読まない取扱説明書を読むことを趣味にしている、ライター＆編集者グループ。

[監修協力]

株式会社パイロットコーポレーション	https://www.pilot.co.jp
(一社) 日本レストルーム工業会	https://www.sanitary-net.com
花王株式会社 衛生科学研究センター	https://www.kao.com/jp/
株式会社増田屋	https://www.masudaya.co.jp
(一社) 茨城県リハビリテーション専門職協会	https://www.irpa.jp
KAGA HELMET	https://www.kagahelmet.com/
ALSOK	https://www.alsok.co.jp/
川上産業株式会社	https://www.putiputi.co.jp

(掲載ページ順)

知ればもっと役立つ暮らしの道具
アレの正しい使い方図鑑

2024年10月10日　初版第1刷発行

編　者　東京トリセツ研究会
発行人　川崎深雪
発行所　株式会社　山と溪谷社
　　　　〒101-0051
　　　　東京都千代田区神田神保町1丁目105番地
　　　　https://www.yamakei.co.jp/
　　　　■乱丁・落丁、及び内容に関するお問合せ先
　　　　山と溪谷社自動応答サービス　TEL.03-6744-1900
　　　　受付時間／11:00〜16:00（土日、祝日を除く）
　　　　メールもご利用ください。
　　　　【乱丁・落丁】service@yamakei.co.jp
　　　　【内容】info@yamakei.co.jp
　　　　■書店・取次様からのご注文先
　　　　山と溪谷社受注センター
　　　　TEL.048-458-3455
　　　　FAX.048-421-0513
　　　　■書店・取次様からのご注文以外のお問合せ先
　　　　eigyo@yamakei.co.jp

印刷・製本　株式会社シナノ

＊定価はカバーに表示してあります
＊乱丁・落丁本は送料小社負担でお取り替えいたします
＊禁無断複写・転載

© 2024 CO2 Inc. All rights reserved.
Printed in Japan ISBN978-4-635-49074-0